家有高考生

韦志中 ———— 著

西苑出版社
XIYUAN PUBLISHING HOUSE
·北京·

图书在版编目（CIP）数据

家有高考生 / 韦志中著 . -- 北京 : 西苑出版社，
2020.5（2020.12 重印）
ISBN 978-7-5151-0727-1

Ⅰ . ①家… Ⅱ . ①韦… Ⅲ . ①高考－学习心理学
Ⅳ . ① G442

中国版本图书馆 CIP 数据核字（2020）第 061409 号

家 有 高 考 生

JIA YOU GAOKAOSHENG

责任编辑 陶永学 刘 崴
装帧设计 末末美书
出版发行 西苑出版社 XIYUAN PUBLISHING HOUSE
地　　址 北京市朝阳区和平街 11 区 37 号楼 邮政编码：100013
电　　话 010-88636419 E-mail：xiyuanpub@163.com
印　　刷 天津旭非印刷有限公司
经　　销 全国各地新华书店
开　　本 880mm×1230mm 1/32
字　　数 125 千字
印　　张 6.5
版　　次 2020 年 5 月第 1 版
印　　次 2020 年 12 月第 2 次印刷
书　　号 ISBN 978-7-5151-0727-1
定　　价 49.80 元

（图书如有缺漏页、错页、残破等质量问题，由印刷厂负责调换）

目　录

C O N T E N T S

第一章　陪伴

第二章　亲子沟通

第三章　不良行为的干预

第七章　考前心态与考试技巧

第八章　考前 20 天的学习方法与技巧

第九章　家长学习结果实例

第一章
陪　伴

无论是哪位父母，无论他们的知识水平高低，经济条件如何，都拥有一颗爱孩子的心，愿意为了孩子提高自我，学习科学的方法来合理、正确地陪伴孩子。陪伴是爱，是真诚，更是决战高考之时最坚强的后盾。

一、家长的焦虑及其成因

对于寒窗苦读、悬梁刺股十几载的中国学子，高考无疑是一个重要的节点，它既是考生们在学海中拼搏奋发的彼岸，也是影响前程的人生分水岭。为了保证在这次求学生涯中重要的考试能够得到最佳结果，考生的努力自然是基石，但与此同时，父母能否起到陪伴和支持的正确功效，也是一个重要的影响因素。经过一系列科学的研究，包括调查问卷，对部分高三家长的访谈、了解，以及咨询学校的老师、学生，等等，我们发现家长的积极心态与考生的高效发挥，有着直接且正向的关系。也就是说，家长的积极心态越好，考生个人的心态也就越好，那么考生的效率也会随之逐步提高。

这一次对家长的调查研究围绕的主题是“焦虑”。在心理咨询、心理辅导的实践经验中发现，存在高考问题的家长，他们很多人本身的焦虑程度就过高，正因为如此，这种情绪也随之影响了孩子的焦虑水平，这也是我们俗称“皇帝不急太监急”的一种现象。这样的情况出现在高考之前是非常不利的，对孩子高考的发挥大有坏处。根据围绕焦虑进行的研究能得到这样一个结论：高考前，78.2% 的父母焦虑值处于正常状态，这是比较理想的平均水平，但还有 21.8% 的父母焦虑值处于异常状态。什么是异常状态呢？就是自己像热锅上的蚂蚁，或者是因为焦虑做出了不恰当的行为。因为自己内心过于焦虑，所以导致在行为上、态度上和孩子的互动上出现了偏差，而在这样的情况下，本来就因为备考而紧张万分的孩子势必会受到影响。其中 18.9% 的父母处于轻度焦虑，问题还不大，但仍有 2.7% 的父母处于中度焦虑，甚至还有 0.2% 的父母处于重度焦虑。

重度焦虑的实际形势已经非常严峻了，这样的父母可能每天惶惶不可终日，他们自身处于一个怎样的状态，他们的孩子又在这种状态的影响下怎样承担着双份的焦虑，都是能够想象得到的。由此，如何正确处理家长的焦虑是非常值得研究的重要课题，因为考生的学习任务由学校与老师负责，临场发挥的部分则在于孩子自己。作为父母首先需要处理好的是自己的情绪问题，父母能做的只有 1%，这 1% 是什么？就是保持自身良好的心态和这一段时间里家庭的轻松氛围以及温暖的亲子关系。父母为孩子做好后勤保障，他们再焦虑也不会产生任何正面影响，反而会起反作用。大家不要小看父母的这 1%，1% 有时候可能会起到巨大的作用，1% 也许会使得一些孩子在良好的心态保持上，在临场发挥的效果上完全不一样。许许多多事实表明，处理好父母的焦虑在高考备考这场战役中非常关键。

通过对父母在子女教育心理控制程度的水平研究，来了解“父母对教育子女和子女最终成功与否”这二者的态度和看法。结果表明，有 90% 的父母对子女的教育期望过于严格。有 83.9% 的父母背负着过于重大的“为人父、为人母”的责任感，他们总觉得自己作为父母如果做得不够好，那么他们的孩子可能就没有一个光明的未来，于是父母的人生也就是失败的，是愧对孩子的，这其实也是一种焦虑的体现。有 36.6% 的父母的生活则完全被子女“掌控”，孩子的一举一动都牵动着他们的心，实际上就是作为父母本人已经失去了自我，只剩下了“父亲”或“母亲”这一个人生角色，而完全没有了自己。

有些父母的人生目标只剩下一件事，比如某位母亲刚刚40岁出头，她说她未来最重要的有三件事：第一件是供养儿子读大学，第二件是儿子结婚，第三件是看到儿子哺育下一代。这就是完全失去自我，把全部的精力都投入在孩子身上的表现，但这样的行为并不会让孩子感受到更多的爱，反而会让亲子关系陷入不健康的状态，这样的父母即使给孩子提供了帮助也不是健康的帮助，很多时候已经出现了孩子不能察觉的偏差。

还有7.7%的父母对运气和机遇看得比较重。而看重运气和机遇的人，通常存在一种赌徒心理，就像买了彩票的彩民，总想着中奖。这就表明这一类具有赌徒心理的父母会做出过多的强迫行为，会对孩子做出过多的干预，因为他们注重运气，而且时常反复确认子女的状态，问他们当前心情如何，发挥如何，更加加重他们的心理负担，这样的行为自然是不良的，极其容易对备考期间的子女产生负面影响。

还有16.1%的父母对子女的行为控制过严，就是不允许孩子干这个，不允许干那个。但作为家长应该知道，准备高考的孩子总是处在一种极度压抑的状态中，如果他们压抑控制不住，就需要得到情绪释放，如果父母再度压抑他们的情绪，那么孩子注定就会在心理上失调，而心理失调是更多严重后果的导火线。

二、影响焦虑的因素

1. 家庭经济状况

影响父母焦虑的第一个重要因素是家庭经济状况。研究结果显示，家庭经济状况越好，父母的焦虑程度就越高。这种情况是怎样产生的呢？

现实生活中有如下三种父母。第一种父母能够分配在孩子教育上的时间充足，他们的文化水平高、素质高且愿意做教育投入。第二种父母则恰恰相反，他们既没有时间、精力，也没有意愿，他们大多出身农村，信奉“儿女自有儿女福”，于是很少在教育子女一事上花费精力，因为他们认为自己的文化水平不高，于是很少干预儿女的成长，这一类的家庭广泛存在于社会中，是二十世纪七八十年代家庭的典型。第三种父母则是前两种父母的混合，他们的文化素质水平低，情绪也很不稳定，但却把自己全部的精力投入到教育孩子中去。在这三种家庭中，哪一种家庭出现的问题孩子多？当然是第三种。第一种家庭是最理想的教育场所，现实经验也表明那种环境下培养出来的孩子总是学业有成，人生光明。与此同时，出身寒门的成功人士也不少，他们往往就是第二种家庭培育出来的小孩。相比之下，第三种家庭往往是制造问题孩子的场所，父母情绪不稳定，人格、价值观有异常，而且他们全部的精力都投入在孩子身上，这对父母和孩子双方来说都是非常糟糕的境况。

在这三种家庭中，第二种表面上看起来是比较糟糕，但实际上却喜忧参半，因为并非所有家庭都进入了“小康”，有些经济条件不佳的家庭，父母虽然没有能力给予孩子富足的物质生活，但他们的状态和情绪却是正常且稳定的，因此孩子的正常人格发育也能得到保证。他们很少干涉和参与孩子的教育，于是孩子成功地被培养出健康的人格。小时候的调皮捣蛋和创造性相结合，这些东西没有被父母抹杀，于是在成年之后也成了孩子的优秀品质之一，能够成为他们走向成功路上的助手，独立自我一定是取得成功的前提。

2. 教育成效

除了家庭经济水平，影响父母焦虑程度的第二个重要因素是教育成效，教育越低效，焦虑程度越高。很多父母在教育过程中发现孩子在学习或其他方面表现不佳，于是他们的焦虑程度就越来越高。经过调查表明，家长的焦虑源分为如下几种。

60.3% 的家长的焦虑源是担心孩子考场发挥不好。为了缓解和减轻这种焦虑，这些家长需要的是做好自己的本职工作，为考生提供强大后盾。第一，家长不应让自己的焦虑影响自己的心态和行为，以致最后影响到孩子。第二，家长应该给孩子创造一个积极的环境，给孩子传达一种积极的心态，为孩子积极向上的良好心态保驾护航。第三，家长还可以着重了解一些后续的选择，让考生可以不必担心高考后的相关事宜，可以尽量地放松下来。

16.3% 的家长的焦虑源于他们担心孩子心态不平稳，压力过大。为了消除孩子的压力，家长可以用科学的方法给孩子减压，比如在家里多准备一些水果，最好是香蕉，因为香蕉被心理学家和生物学家证实可以提升人的积极情绪。如果家长的知识储备和方法使用得当，比如做饭的时候少油少盐，能够更好地保护考生的肠胃和消化系统，他们的身体健康得到了保证，心理才有健康的基础。

3. 家长对孩子现在的学习状态不满

第三个影响焦虑的因素是家长对孩子现在的学习状态不满，因为这种原因而产生焦虑的家长占 7.8%。这种不满存在合理性，但更多的是不合理，因为孩子已经到了高三，他们经过十几年的学习积累，学习态势和成绩已经基本固定，如果希望短时间内成绩飞跃，显然是不切实际的。所以在面对孩子的现实情况时，如何能够冷静地消化它、应对它，不让焦虑吞噬自己，也是家长需要迫切思考的问题。家长更重要的是控制自己的情绪，控制自己的焦虑。很多家长的焦虑显露在外，明显地影响到了孩子。心理学中有一种现象叫“踢猫效应”，是指主人在内心烦闷的时候踢了猫一脚，猫四处乱窜把家里弄得乱七八糟，主人则陷入更加烦闷的恶性循环中。同理，在备战高考的关键时期，家长更应该稳重、平静，这对保持考生的良好心态十分重要。

4. 家长的不确定性

家长产生焦虑的第四个因素来自一种不确定性。他们不确定自己是否有能力帮助孩子，或者说不知道自己教育孩子的方式是不是正确的。这类家长占 2.5%，主要体现在三个方面。第一个方面是现在有许多家长想当然地以为自己有一套教育孩子的方法，但实际则不然。著名的社会心理学家费孝通先生曾经提出，中国父母总会在不经意的时候，把孩子当成理想自我再一次实现的机会。父母自持着作为“父亲”“母亲”的高阶身份，总是不由自主地对孩子的人生指手画脚，做出一些跨越边界，甚至属于侵犯性的行为，这一点从孩子一生的教育长河中都有体现。孩子被父母操纵人生最明显的体现是在填报志愿上。在孩子还没有能力为自己做出人生选择和职业规划的时候，父母作为有经验者，总是自作主张地为孩子选择他们认为最佳的专业和职业，完全忽视了孩子的自主能动性，在高中或者大学选择专业的人生重大转折点上，他们完全被父母操控着。第二个方面是父母不确定能否帮助到孩子的学习，既不知道该如何陪伴也不知道该如何指导。第三个方面是孩子的心态在父母的教育过程中感到无所适从。

三、如何战胜焦虑，正确帮助孩子

1. 为孩子减压

家长怎么做才是对孩子最好的帮助呢？第一点就是要为孩子减压。有家长认为不给孩子施压，就已经是最好的支持；有家长则认为鼓励孩子最有效；有家长认为做好自己的后勤工作，做孩子的坚强后盾即可；有家长认为自己调整好心态对孩子很重要。这些家长都认识到了问题的关键性和重要性，掌握了帮助孩子的几大关键词——减压、鼓励、后勤保障和期待管理、心态管理。这其中最关键的便是家长自己的心态管理和建设，家长的积极心态有助于孩子的学业成功、考试发挥。良好的亲子关系，对子女的身心健康发展和学习成长都是至关重要的，如果父母和子女处于一种亲密而健康的亲子关系，那么双方交流的效率将高出亲子关系不佳的家庭许多，生活质量和愉悦度也会上升到更高的量级。

2. 和孩子建立友好关系

父母和孩子建立友好关系的方法也是一门大学问，如果父母本人的心态不健全，教育方法有问题，那么自然教育不好未成年的孩子，尤其是在孩子成年后，父母的错误教育方法更有可能改变一个成年人。有关研究表明，父母积极的心态会促进他们所期望的结果被实现，能够促进孩子的成就动机、认知能力的发展和学习成绩的提高，有助于他们的心理健全，帮助他们建设良好的人际关系，实现较高的社会适应能力。有的家长持有一种错误想法，认为只要陪伴孩子走过高考，经历这个最大的难关之后就可以当甩手掌柜了，这是非常不正确的想法，因为高考取得好成绩的目的不是成绩本身，父母对孩子的期望也不应该仅仅只是进入某所心仪的大学，而是要追求孩子未来有一个成功的人生，希望孩子能够顺利，拥有终身幸福。那么幸福需要什么？幸福需要健康的心理和人格，需要创造力、良好的人际关系、高情商。而成功需要什么？需要知识、勇气、机遇、勤奋、智商，所以情商和智商二者缺一不可。

家长不应该把高考当作人生中的一场决赛，而是要把它当成是孩子成长过程中的一个里程碑，如果家长对考试结束之后的事务全然置之不闻，那么也许会造成非常严重的后果。每年都有从大学里退学的孩子，在大学里混日子、不专注于学习的也大有人在，甚至在毕业之后找不到工作，无法适应社会的，最终既不成功也不幸福的孩子都不是家长想要看到的结局。高考的目的到底是什么？勤学苦练十余载，最后追求的不仅是考个高分，也不仅是上好大学，父母期望的应该是孩子能够拥有一个美好的未来。

3. 建立健康心态

在学习成效上，学习成绩关乎心理健康。学习成绩已成为当前关系学生心理健康的重要因素，学生心理障碍问题增多，大多是由学生学习成绩不理想以及教师、家长对他们的消极态度和评价造成的。

父母在这个过程中能够起到的作用虽然十分重要，但具体做法没有现成的模板可以套用，也没有指导手册可以遵守。父母为了要在高考过程中给予孩子正确而科学的支持，首先要登高望远般先从整体上把握，然后才是具体事情的实施，只有理解了父母教育与孩子学习成绩的直接影响关系，父母才能及时调整自己的方式方法，在实践中寻找出最适合自己子女的教育方式，让自己和考生都处在一个平稳、健康的心态中备战高考。因为心态决定高考，心态决定人生，心态决定发挥，心态决定幸福人生。

著名的心理学家、需求层次理论的提出者、人本主义创始人马斯洛曾经指出：心态改变，态度就随着改变，态度改变，习惯便会改变，习惯改变后性格也随之改变，最终人生也会跟着变化。对于这句话的理解，家长不应强求孩子的心态改变，自己作为孩子的榜样，应该率先做出表率，而后才能在陪伴和教育的过程中潜移默化地影响孩子的性格。

4. 陪伴与自我成长

陪伴是贯穿教育，是贯穿父母和孩子一生的主题，陪伴不仅仅在高考期间有效用，直到高考结束，孩子顺利地进入大学，陪伴都是非常重要的。在这个过程中，父母也会经历几个自我成长的过程：第一是自我管理，包括父母的心态管理、情绪管理，以及自己和孩子沟通的方式方法。第二是化解如何帮助孩子的难题，怎样做好后勤工作，怎样去帮助孩子化解不良心态，怎样给他们提供更好的衣、食、住、行环境。第三是高考后面临的问题，比如填报志愿，还有孩子离家上大学后，父母的思念和心态如何调整，许多父母在经历长时间全身心投入到孩子身上的时期后，骤然抽离，很大一部分人会出现心理失衡的情况，仿佛一瞬间变成了空巢家庭。另外，在孩子进入新环境后，父母如何与他们联系沟通，疏解和开导他们对新环境的不适应，也是迫切需要解决的问题，这些都是在后高考时代父母应该做的工作。

四、父母的陪伴

1. 陪伴的意义和价值

陪伴是父母对孩子一生的教育中最核心的关键词，陪伴是父母能够给予孩子最美的爱。爱是陪伴，为什么？因为陪伴是客观的，是没有侵犯性的，当父母真真切切地陪伴着一个孩子的成长时，他们不会越过那条隐形的边界线。陪伴并不等于帮助，因为许多时候父母的“帮助”带有侵犯色彩，在帮助的过程中不知不觉地试图改变孩子生活中原本的生态。陪伴是没有干扰这一意图的，无论孩子的思想行为走向哪条轨迹，父母都尊重他的想法，不干涉，不制止。陪伴是真诚的，陪伴不是“套路”，不是表面上装作尊重孩子的个人空间，私下里却费尽心机地“侦察”孩子的一举一动，陪伴的“主材料”是信任。陪伴是最美的爱，是最真的情，同时也是教育中最高效的方法。它不需要确切的行动目标，但它是最高效的行为准则，是亲子关系升温最恰当的助推力，有了良好的家庭氛围和温暖的亲子关系，考生在父母强大后盾的支持下自然也能卸下一部分压力，于是陪伴则成为考生在高考考场上高效发挥的基础保障。

所以父母应该时时自问：我是一个懂得陪伴的人吗？陪伴就像一块基石，坐落在天平两端正中的位置，它既不能离“帮助”太远，又不能离“侵犯”太近。如果父母过于担忧自己的举动会影响孩子的情绪，患得患失，缩手缩脚，故意疏远孩子，全然放手让孩子自生自灭，这样也是不正确的，容易让孩子感觉到冷落或者孤独。与此同时，如果父母过分关注孩子的需要，甚至把自己的意愿强加给孩子，成为一个“尽职尽责的监护人”，时时刻刻监督着孩子，管教着孩子，这就极有可能越线，让孩子感觉到自己的个人空间被侵犯了。所以以上二者都是不合理的，只有同时兼顾天平两端，既能及时地给予孩子需要的帮助，又能把握好尺度和界限，让孩子拥有自主权，培养他们独立思考的能力，在不远不近的地方默默给予支持，给予爱，才是陪伴二字的真谛。

在现实情况中，许多父母却并不具备这一品质，父母缺失正确陪伴孩子的能力和方法，就像课堂上落后的学生，急需掌握解题的正确方法。促成陪伴的能力，最重要的是父母在这段关系中的角色，他们时而是走在前面的引导者，时而是在走在孩子身后的推动者，时而又走在孩子左右，做孩子的陪伴者。陪伴是一个长期的、持续性的过程，它需要几十年不间断的付出和关注，如果父母不够耐心，那么陪伴的目标是无法达成的，父母对孩子的爱不应只是口头空谈式的，更重要的是实践付出。现实中有些父母因为工作繁忙自顾不暇，没有时间分配在陪伴孩子这件事上，陪伴是个相互作用的过程，父母付出了多少精力、时间和关爱，孩子就会回报多少信任和尊重，孩子是敏感的，他们能感受到父母的实际情绪，在爱里长大的小孩更明白什么是爱，也能发展出更成功、更幸福的人生。

许多父母把孩子的成长当成一种投资，于是希望孩子未来能够发展得成功，成长得优秀。

2. 陪伴与孩子的关系

陪伴是尊重，是支持，是动力。大量的研究表明，父母的教养方式与孩子的学业成绩有显著的相关性。积极的教养方式，和孩子的学业成绩呈现显著的正相关。也就是说父母的意愿和教养方式越积极，他们的孩子就会在学习成绩上表现得更优秀；而父母在情感和理解维度上的得分与孩子的学习成绩也成正比，当父母严厉过度或保护欲过度时，都会导致与孩子的学习成绩呈负相关关系。总而言之，父母的教养方法、心态情绪、营造的家庭氛围等均与孩子学习成绩息息相关。民主型的教养方式有利于孩子在学业上取得成功，而专制型和放任型的教养方式则会导致孩子学业失败。如果家长采取完全放养的方式养育孩子，毫不关心他们的在校表现和学习成绩，那么孩子就感受不到动力，也看不到父母对他们的期望，于是顿觉前路迷茫，无人引导。而有些父母却又对孩子抱有的期望太高，在实际操作中变成控制，变成侵犯，那么反而会激起孩子心里的反叛欲望，想要逃离父母的控制，父母的好心最终弄巧成拙。所以父母在实施“陪伴”的具体操作时，一定要把握分寸，用尊重的、支持性的方法，让孩子感到舒适的同时，能够安心备考。

3. 陪伴的“四要”

陪伴有“四要”，在于作息、饮食、“冷却关系”、坦诚交流。第一“要”是要调整作息，意为父母要协助子女调整好规律的作息。高考前的一段时间学校会把日程安排空出来，让考生有时间调整自己的作息和情绪，在这段时间里，父母首先要保持平常心，让自己的心态宁静且稳定。因为父母表现出来的焦虑往往会直接影响到孩子，所以父母哪怕有再多的紧张焦虑也要将它深埋在心底，而要表现出积极乐观的一面，陪伴孩子把考前作息调整好，帮助孩子设立科学的作息表，把生物钟调整到最适宜高考的状态。在这一过程中，父母要充分尊重孩子的意愿，如果亲子关系原本非常亲密，孩子的接受度很高，那么父母可以直接为他们安排作息调整；但是如果亲子关系本就紧张，那么父母行事时一定得和孩子商议进行，要征求他们的同意，时刻铭记孩子才是整个备考过程中的主导者，父母只是帮助者和配合者，不要本末倒置，不然造成孩子情绪恶劣，不利于生物钟的调整，最终影响考试发挥。

第二“要”是饮食。要注意饮食营养，拒绝油腻和重盐的食物。因为人类的消化系统和情绪息息相关，饮食的种类和饮食时间都非常重要，油腻和不利于消化的食物是大忌，清淡的食物可以养护肠胃，保持孩子的身体处于良好的状态中，而且时间上也有讲究，要严格按照三餐规律地进食，因为肠胃在工作的时候，大脑会将大量精力分配到消化系统，导致学习缺乏动力支撑，所以按时、按量、清淡为主的饮食是高考备战期间，父母为孩子提供保障的重点。为了确保孩子的营养，可以有选择地挑选一些食材，比如红枣、核桃等干果类的食物，可以补脑，提供能量，以及前文提到的水果，如香蕉等能够提升情绪，父母可以多为孩子提供营养成分丰富的食物。但在这一过程中，也要切记尊重孩子的意见，不要强迫他们接受父母的饮食安排。无论是作息调整还是饮食调整，父母都要采取后退政策，一切先以孩子的意愿为主，做出适当的退让和改变，配合孩子的节奏，让他们能在一个自己感到最舒适的环境里安心备战高考。

第三“要”是要有“冷却关系”。冷却关系在此处的含义不是指彻底让亲子关系降至冰点，而是许多父母在这个阶段的关心容易过于火热，超过界限。这个时候的父母要冷静下来，仔细回想自己对孩子的关心是不是有些过火，如果存在过度关心的现象，就要适度地使之冷却下来，这个冷却是父母心态的冷却，过犹不及的道理在此处最为实用。高考期间的考生本就处于一定的焦虑状态下，如果回到家，家庭氛围还是过于紧张的话，容易加剧考生的负担和焦虑感，这时候的孩子就像一块冰，父母不能成为一团火焰，不然越逼近，对方就越害怕，越想要逃离，过度的关心有时候会起到反效果，关心要充足，但关心也要适度，恰当的关切才是考生在这个时期最需要的支持。

第四“要”是要坦诚交流。在高考之前，父母至少要和孩子进行一次坦诚的、推心置腹的谈话。但这种坦诚也是有时间限制和条件限制的，在家庭氛围良好、亲子关系和谐的家庭中，父母和孩子双方要进行一次坦诚谈话是较为容易实施的，因为子女对父母有信任和尊重，所以更愿意向他们表露自己的内心，坦诚自己的压力和困惑，然后再由父母来为之解答，形成一个良性的循环。但是在家庭关系原本非常紧张的情况下，尤其是父母与孩子刚刚发生过争吵，坦诚谈话就非常难实现，因为孩子心里怀有怨气，丧失对父母的信任，所以他们不会自愿且自主地参与到谈话中。因此，坦诚谈话要参考环境背景来实施，具体问题具体分析，最重要的是先创造出一个孩子愿意坦白表露心声的环境，让他们能够卸下心防，下一步才是彼此之间没有隐瞒、推心置腹的坦诚交流。

第二章
亲 子 沟 通

在高考之前，如果父母能够跟孩子保持良好的沟通，那么对于考生的压力放松、心态调整都是大有裨益的，也能为考生在考场上的高效发挥打下坚实基础。亲子沟通不仅仅是高考期间的特定任务，而且是贯穿每个家庭一生的事业，心声一旦畅通，亲子关系就和谐了，家庭氛围也积极了，就能够为孩子创造未来的幸福人生提供保障，成为孩子走向成功的重要基石。

一、最畅通的沟通渠道“六七二”

研究人员对受访者为高三学生的人群进行调研，结果表明，认为与母亲沟通后“毫无情绪波动”的人数占比 59.7%。也就是说有 59.7% 的高三学生，他们与母亲的沟通是完全无效的，他们没有感觉心结被解开或拥有豁然开朗的情绪体验。与此同时，参与谈话的另一方，大部分母亲却觉得她们已经倾吐出所有想要表达的东西，认为谈话是成功的，因为她们看到了孩子“点头”或“口头应承”的互动表现，所以理所当然地认为孩子认真地将自己所说的话听到了心里。孩子和母亲双方的矛盾感受就是问题所在，沟通成果在感觉上不对等，所以实际成效约等于零。

同样的情形如果把母亲换成父亲，根据调查结果来看，事实也丝毫没有改善，有 64.18% 的高三学生认为与父亲沟通后“毫无情绪波动”，比母亲高出近 5%。

人们往往以为，在亲子关系中，母亲是情感型角色，能够更容易理解孩子，更容易与孩子的心理产生连接，所以认为子女在与母亲的沟通中一定会产生情感触动，但事实则不然。由此也引申出我们本章的主题——“六七二”，这三个数字各有其独特的含义。

“六”代表通过科学、系统地分析。在高中生尤其是高三学生和父母的沟通中，有六种独特现象，“六”即是分析和揭露这六种现象。家长只有知己知彼，理解自己和子女沟通中的各种问题是怎样产生的，才能对症下药，修正自己在教育过程中的缺点、不足，在调整中寻求进步，追求和孩子真正的心灵沟通。“七”代表亲子沟通过程中父母需要拥有的七种能力。有时候我们往往知道问题的症结所在，却没有能力解决它，或者说不知道如何发挥自己本身具有的能力来促进和孩子的沟通。七种能力，每一种都非常重要，而每位家长不一定在这个问题上完全统一，比如耐心，这个时候家长应该做的就是查漏补缺，哪里有问题就修正哪里。“二”代表的是沟通的两种方法和技巧，就是实际操作过程中的小技巧。当以上三者能够有机、和谐地结合在一起时，沟通才会成为一件真正卓有成效的事。在高考之前，如果父母能够跟孩子保持良好的沟通，那么对于考生的压力放松、心态调整都是大有裨益的，也能为考生在考场上的高效发挥打下坚实的基础。而且亲子沟通不仅仅是高考期间的特定任务，而且是贯穿每个家庭的教育事业，心声一旦畅通，亲子关系就和谐了，家庭氛围自然就积极了，积极的家庭氛围能够为孩子创造未来的幸福人生提供保障，是孩子走向成功的重要基石。

爱是沟通的前提，而父母对子女的爱往往需要实际行动来体现，比如时间和金钱的付出，但这些都不是关键因素。父母在学习如何成为一个更好的陪伴者，一个更好的沟通倾诉对象时，最难跨越的一关是固有思维模式的改变，许多家长最害怕的就是要求他们改变原来的模式，要求他们把那些旧的观念丢掉，而产生这种恐惧的原因是：这些观念就像人生这座房子的地基，每个人从一出生就开始建构自己的认知，习得新的理念、价值观、认知体系。而为了能与孩子更好地沟通，突然被要求必须改变旧思想，这对于家长来说是很难接受和做到的点。

但真正爱着、关心着自己孩子的父母，想要学习正确、科学的方法去陪伴孩子，与孩子沟通，他们总能下定决心改变，他们并非已经老化，他们还拥有革新的勇气，愿意为了家庭，包括孩子也包括父母自己的终身幸福而努力，不只喊口号，更重要的是去脚踏实地地实践。

二、六个问题

1. 期望不客观

亲子沟通的六个问题、七种能力、两种技巧，是本章的重中之重。高三学生和家长之间的亲子沟通，存在六个方面的问题，第一种是期望不客观。父母对孩子考试成绩的期望和孩子的实际能力不匹配。这种不客观的期望像块巨石压在孩子身上，导致他们心理压力加剧。父母不能要求一个平时考试成绩在300分左右的孩子在高考中超常发挥考上重点学校，这样的期待只会起到反作用，让孩子全面否定现在的自己，使他失去信心和学习的动力。这种不合理期待可能来自父母对孩子的不了解，不清楚他们真实的学习状况，这时父母就应该主动积极地去跟孩子沟通，了解他们本人的期待，和他们共同确定一个目标。目标在备考过程中，或者说在任何时段的努力中都是非常重要的，有了目标，孩子就有了努力的方向和动力，但这个目的一定要是切实的、合理的、孩子觉得可以接受的、能够达到的，不然目标定得太高，只能是空想。

不切实际的期望以及没有标准的衡量，是最影响考生心态和情绪的两大罪魁祸首。父母在给予孩子一个短期或长期目标之前，一定要清晰地了解该目标，是否冲动，是否空洞，如果是，就要及时地修正调整。切记孩子在这一过程中的主人公地位，保证孩子的话语权，结合他们自己的实际来确定可行的目标。

父母在确定目标一事上的焦虑往往来自不了解。父母总是不清楚学校教学过程中的具体策略，不知道每一次考试的具体难度，总是以分数去要求孩子，但孩子在考试中的发挥无法在难度不同的考试中完全一致，甚至逐步上升，因此父母也不必每一次都制订出具体分数或名次作为标准，重要的是让孩子自己跟自己做对比，每一次比上一次更有进步，就是最大的胜利，就算没有进步也没关系，因为高考的难度和题型是最大的变数，所以除了平常的积累，临场发挥也十分重要。

父母不切实际的期望对于孩子是弊大于利的，这背后有一种不良的动力，会让孩子产生一种自我否定感，使他们认为不论自己怎么努力，都无法达到父母制订的那个遥远目标，觉得自己一事无成，从而产生挫败感。

最佳策略是在备战高考期间尽量少谈及学习这个话题，避免流露出太多的严苛期望。前文中提到的沟通效率问题，其中很重要的一个成因就是父母过多地与孩子谈论学习方面相关问题，而孩子在学校时已经日程紧密地努力学习了十几个小时，回到家后如果还要面对父母的追问，那么态度自然不会友好；而且他们需要答疑解惑的问题已经在学校与老师或同学讨论清楚了，如果父母再过多地和孩子探讨学习上的问题，而自己对于考题的具体答案又一无所知，最终只会引起孩子的反感，因为这种探讨只是表面上挂着沟通交流的招牌，实际上是父母将自己不合理的期待强塞了进去。和孩子交流学习有关的问题也许看起来是很关心他们，但事实上是在把不合理的期望植入谈话中，这种行为是很糟糕的。

当然，期望本身并非毫无意义，它在备考过程中非常重要，也非常有价值。期望是涉及双方的，父母做出期望的动作，而孩子会回应父母的期望，在孩子的成长过程中，他们就沿着父母期望的轨迹发展，会按照大人的期望去行事。如果父母对孩子没有特别的期望，孩子可能就不会约束自己，不会要求自己成为一个更好更上进的人，所以期望是形成自律的一个重要条件，但是前提是这个期望是合理的。

2. 错误沟通

如果期望不合理，最终会导致第二种情况——错误沟通。不正确的沟通方式甚至还有可能让孩子产生挫折感，而这种不正确的沟通的主要来源在于“沟通信息的不完善”，不完善可以是沟通过程中的语义模糊，比如孩子和父母聊天时故意或无意地含糊其词，或者转述时没有仔细阐述事发当时的情形，这是一种不够深入的沟通，不是不真诚，而是沟通的渠道不够畅通，话语真正的含义在多次转述中失去了准确性。

沟通信息不完善现象出现的另一种情形是，当孩子开始一次对话时，他们在心里往往对这段对话已经有了期待的幻想，期望得到某种回应或者回答，而当父母没能按照他们理想中的发展轨迹推进这段对话时，或者没能给出他们预想中的回应或回答时，孩子就很容易地认为这次沟通是无效的，随之会产生挫败感。

他们会觉得自己的问题没有得到解决，他们企图在这段对话中得到的答案没能得到，他们认为能解决问题的关键因素没能被父母提到。父母因为不了解子女的真实诉求，所以总显得顾左右而言他，不够就事论事。

3. 不接纳孩子的情感，不理解孩子

人和人之间的沟通包含三个层次的信息：第一层信息是事件本身，阐明具体发生了什么事；第二层信息是说话者对这件事情的态度；第三层信息则是这件事情发生之后，说话者对其产生的情感。因为对话双方关系的不同，所以在进行沟通的时候，说话人不一定将三层含义全部都表达详尽，而且他还可能将这三层含义重新排序。

根据三层含义的重要程度，以及谈话双方关系的亲疏，说话人会调整事件、态度、情绪三者的先后顺序，其中情绪代表最亲密的互动关系，比如说话人与他非常亲密的恋人或者亲子关系良好的父母讲述某一件事，也许一开始就会先将自己的情绪宣泄出来，告诉对方这件事给自己造成了怎样的情绪体验。如果与关系不佳的人讲述，他会有所顾虑，就不会选择完全主观的方式讲述此事，而是先客观陈述一遍事件原貌，不再附上自己的情绪体验或者态度。如果与关系普通的人讲述，说话人可能先简单地发表一些关于该事的议论和态度，然后在有所铺垫的前提下叙述该事，但不会具体说明这件事让自己的情绪发生了什么变化。总的来说，我们倾向于对陌生的人、不信任的人只讲述事件，而对信任的人、心理近距离的人，则选择坦诚表达态度，对于关系非常亲密的人，才会袒露真实情感。

在亲子之间的沟通问题上，这个原理也完全适用，孩子对父母是选择只转述事件，还是能够自由地表露感情，同样地，父母在和孩子沟通时是只专注事件本身，还是会跟孩子交流由该事产生的态度和情绪，这些都是亲子关系亲密度的衡量标准。如果一个孩子长期处在对父母宣泄情感时父母却过于就事论事，全然不给孩子情绪上的回应的境况里，久而久之他便会心灰意冷，不再表达自己的情绪。有些父母根本没有跟孩子交流感情的意向，每一次的沟通只为了解决某个具体问题，即使知道应该有情绪的参与，表达出来也是虚假的，孩子一眼就能看出来，比如孩子跟父母说今天很烦，父母询问发生了什么事，他说被人踩了一脚，父母就开始讨论踩脚的问题，然后完全将孩子一开始表达的“烦闷”置之不理，由此孩子就会觉得索然无味，将这段对话归于无效对话中。

当孩子选择对父母敞开心扉，宣泄自己的真实情绪时，父母只有同样回应自己的真实感觉，那么交流才能深入下去。很多时候，一个人只需要在情感上感觉到被支持，被理解，他自己就能够完美地解决事情。孩子也是这样，许多问题归根结底只是情绪问题，父母只要安抚好他的情绪，让他有被理解的安全感，他就有动力去解决自己的问题。比如说某个学生从学校回来，对母亲说：“妈妈，我不想上学了。”然后母亲回答：“你不想上学了，为什么？”这位母亲就开始跟他谈为什么。事实上母亲提出的这种问题是错误的。如果母亲当即回答：“孩子，发生了什么事？过来妈妈抱一抱。”这样温暖的回答才是正确的。因为这代表母亲先关注到了他的情感需求，询问他是不是觉得委屈，是不是被别人欺负了，孩子的心里就会觉得自己被母亲保护着，从而产生满足的安全感，这说明情绪的回应是非常重要的。与之相反，就事论事在亲子沟通中是不好的、不恰当的。在商业合作中，在职场上，就事论事是正确的，但当谈话双方的身份涉及情感关系时，比如夫妻之间和亲子之间，进行谈话时首先就应该把就事论事原则放一边，先关注和接纳感情，然后积极地关注态度，尊重地面对他们所遇到的事情。

亲子沟通时的三条原则是：先接纳他的情感，积极回应他的态度，尊重他遭遇的事件。有的交流之所以不深入，是因为家长只关注孩子的成绩排名，只关注自己想要关注的事实，而不关注孩子想要被关注的，也就是孩子的感情。在二者的矛盾焦点中，最重要的条件是“共情”，共情其实不难理解，就是源于人性本真的一种同情，同情的背后是什么？是一种人性的关怀，对生命状态的接纳，共情是每一个心理健全的人都拥有的能力。

如果父母能够身体力行地践行共情，或者说学习共情的表达方式，在备战高考的过程中，能让孩子感觉到“我不知道我能不能帮到你，但是我在努力，我愿意陪伴你度过这一段重要的时光”，那么孩子就能得到极大的安慰和安全感，学习的动力也更加强大，为高考的正常或超常发挥奠定基础。

但是，共情有一个前提，那就是理解。现在许多家长与老师沟通少，与孩子沟通少，对孩子在学校里发生了什么事情都不明晰，连了解都做不到的话，就无法谈及理解，人是很难客观的，如果不理解某事就会产生误会，会产生消极的想法。所以要想高效地帮助孩子，高效地进行亲子沟通，最重要的前提就是要增进对孩子的了解，了解才能理解，理解才能接纳，接纳才能驾驭。

如果父母不够了解孩子，不知道他们在校的具体情况，不知道他们每天的情绪，不知道他们是否遭遇什么困难，那么在这种情况下，父母对孩子做出的判断十有八九都是不准确的。比如父母某天发现自己的孩子不开心了，他们就会想，孩子肯定是因为考试压力大而心情不佳，但事实可能跟考试全然无关，他也许是因为跟好朋友产生矛盾而心绪烦闷。父母总是理所当然地认为自己是孩子生命中最亲密的对象，所以孩子有什么心里话、有什么小秘密都会对自己吐露，但事实则不然，因为许多时候孩子表达了自己的感情和秘密，父母却没有给予正面、积极的回应。不但如此，很多父母甚至完全不能理解孩子想表达的重点是什么，驴唇不对马嘴，久而久之，孩子就丧失了对父母倾诉的意愿。

真正的关心不仅是嘴上说说，而是设身处地，实际地去了解、观察孩子的生活，去学校看看孩子，了解他每天是怎么度过的，他的内心是什么样的，他在学校里发生了什么，在班里是什么样的……父母只有真正地关心子女，才能了解他们，理解他们，接纳他们，驾驭他们。但这里的驾驭不是指驾驭孩子，而是指驾驭和孩子之间的亲子关系。父母们都认为自己很关心自己的孩子，但在生活中却不一定真正做到了。亲子沟通的许多问题都是因为父母对孩子不了解，而且是对孩子当下的现状不了解而产生的。在高考备考期间，经常被家长关注的一个重点是高考改革，而高考改革究竟是什么，该怎样改，却鲜有家长主动去教育部的官方网站看一看，他们宁愿相信微信公众号上被编辑过的内容，只因为这样更节省时间和精力，不需要费心去寻找，这就是为什么父母会对孩子判断错误的原因，因为他们不了解孩子所处的现状。为什么家长对现状不了解？因为他们没有真正地关心过，一直是道听途说，自以为是，没有真正地花费精力在了解孩子上。

在这样敷衍式的关心之后，还有家长在自我感动，认为自己已经非常努力地靠近孩子了，但事实上那并不是真正的关心。真正的关心一定是会在亲子沟通中卓有成效地表现出来的，它不是自欺欺人地给自己一个逃避的借口，不是只要父母自己心安就好。只有真正地去了解孩子，好好地去观察孩子，观察他们在学校里是怎样生活的，好好地跟老师交流，而不只是为了自己要达到“了解孩子”这个任务而问问孩子最近的情况。真正的关心不是为了控制孩子，而是为了防备他不要做错事才去了解他，把他收容在可控的范围内。如果父母一开始的动机是控制孩子，那么就要改变自己的想法，真正的关心一定是出于爱。

4. 场合错误

真正的关心，其实是一种爱的能力，如果家长能够提高自己爱的能力，不仅是孩子受益，自己也会受益。一个懂得关心别人的人，一定是一个能享受阳光和快乐的人，所以对现状不了解的背后实际上是没有关心和爱的能力。除此之外，很多亲子沟通产生问题的原因都涉及一点——场合因素。日常生活中父母和孩子的沟通往往都发生在餐桌上，尤其是高考备考期间，孩子没有空闲时间，学校和家两点一线地奔波，而唯一能得到喘息的时间就是用餐那短暂的半个小时，父母如果还要用来进行谈话，孩子自然会产生厌烦的心理。餐桌绝不是一个适宜进行深度谈话的场所，一边咀嚼食物一边夸夸其谈，会显示出对其他人的不尊重。选择餐桌这个地点谈话，孩子就会先入为主地认为这不是一场正式且严肃的谈话，加之父母在餐桌上喜爱交谈的话题往往是重复的，他们会反复询问学校发生什么事了，一模考了没有，那个老师又如何等内容，吃口饭说一句话，非常不雅观且不正式。这就好比在快餐店向女友求婚，场所选择出现了严重错误。

在任何人际交往中，场所选择都非常重要，亲子沟通也一样。如果父母想要跟孩子沟通一件正式的、严肃的大事，那么一定不能草率，要有仪式感，提前跟孩子约好时间，并告知谈话可能持续的时长和大概内容，不要单方面决定所有事宜，时刻谨记孩子的主人公地位，让他们来掌握选择权。只有这样，在谈话开始之前，孩子才会意识到这场谈话的重要性，尊重且接受它，提前为谈话赋予意义，做好准备，在这样的前提下，谈话才可能是高效的。

根据调查结果可知，除了学习方面的困扰，高三学生常常还有一些生活上的问题，而且这种生活上的问题往往占比很高，其中涉及跟父母发生冲突的就占了 40%。为什么会和父母发生冲突呢？因为父母很多时候在一些不恰当的场合去和孩子谈论对他们来说很重要的问题，在不恰当的场合里父母跟孩子谈论他们的真心话，一定会增加双方之间的矛盾和误会，激起孩子的挫败心理，认为父母是完全不理解自己的。还有一点就是场合不够多样，有些家长可能就只是在形式上促成一段谈话，选择的场所经常是在饭桌上、临出门时、睡觉之前，这些全都并非正式场合。场合问题是父母在推进亲子沟通进程时要注意的问题。

5. 交流形式单一

在亲子沟通一事上，不但场合很重要，谈话的内容也非常重要，甚至是整场谈话的灵魂所在。这个时候，父母就要注意交流形式单一与否的问题。进入高三以后，每个学生的压力都比较大，如果家长再过多地探讨学习相关的问题就会激起他们的反感，直接导致亲子关系紧张，家庭氛围不和睦。

6. 缺乏真诚沟通

家长和孩子交流的时候，往往是警告和命令式的，甚至不把孩子的问题看成问题，只关心自己关心的，对孩子真正关心的问题却置之不理。高考备考期间的一切准备工作都应该以孩子为主，因为他们才是这场考试的主人公，所以在沟通过程中，也要明确孩子的主体地位。真诚沟通的第一个要点是关心对方所关心的，而不是侧重于自己关心的。做到这一点的关键在于要学会换位思考，肯定孩子的主人公地位，站在对方的立场上和他沟通，而不是只专注于家长自己需要的满足。

真诚沟通的第二个要点是有所侧重。真诚并非知无不言，言无不尽，将所有的真心话无论好坏都一股脑儿地抛出来，因为在高考前夕的这段敏感时期里，孩子的思想压力重，承受能力已经到达极限，而此时沟通的目的正是卸下孩子的负担，让他们感到轻松和安全。如果家长把自己心底积压的坏情绪全都吐露出来，大肆指责孩子身上的小毛病，那么更会加重他们的心理负担，甚至让他们走向极端的悲观，这不是真诚。真诚不等于百分百的真实，而在于有界限地迎合对方的需要。

真诚沟通的第三个要点是不自欺欺人。自欺欺人被人欺，先是自己欺骗自己，然后就会欺骗别人，因为只有先把自己骗了之后才能骗别人，接着对方也会骗回来，陷入无穷无尽的死循环中。父母和孩子之间搭建关系最重要的支撑就是信任，如果父母持续不断地输出谎言，孩子很容易就会识破，紧接着丧失对父母的信任，沟通也无法进行下去，亲子关系降至冰点，家庭氛围颓靡，成为一环扣一环的连锁反应。

所以做到真诚沟通需要掌握三个要点：第一点，以对方的实际需求为关心的重点去沟通、去表达；第二点，真诚不等于真实，表达一定要围绕巩固良好关系而进行；第三点，不自欺欺人。实际上这三点要求都有一个共同的主题，那就是要求父母从自我里面跳出来，做到去主体化，要明白自己不是这场谈话的主人公，不是主体地位，孩子才是，只有掌握了这个最重要的中心点，才能做到高效沟通。

许多家长能发现孩子身上，或者自己和孩子交流的过程中存在一些问题，但部分家长却看不清问题的起因是什么，而且从未试图去了解它。在这种情况下，如果只要求孩子改变，只要求孩子自我成长，父母却不做任何改变，那样是不合理的。因为每个家庭都是一个共生的生命体，是在交互作用中彼此影响的集体，亲子关系涉及亲和子双方，所以在促进亲子关系升温，塑造良好家庭氛围的追求中，父母和孩子都要出力，都要配合彼此的付出。

父母也是需要改变和成长的。其实很多时候亲子之间的一些问题之所以不能解决，就是因为父母只看到孩子需要改变的地方，却看不到自己身上需要成长的地方。解决问题是一定要付出代价的，这个代价可能是时间，也可能是精力，更可能是自我主体地位的牺牲，不管哪一样都亟须父母的自我成长和改变。只有父母和孩子同步成长了，才能体现父母对孩子的爱。

三、亲子沟通的七大“超能力”

1. 科学分析的能力

科学分析即是表明家长要根据孩子的实际学习情况，进行科学的分析、客观的判断，判别孩子的实际水平应该在哪个水平线上，不能盲目地跟风，期望过高。这是一种很重要的能力，父母要通过自己的眼睛和心去了解孩子的实际情况，脚踏实地地了解自己的孩子是否偏科，偏向哪一科目，而不只是听老师说孩子偏科，这样的信息往往是有偏差的，只有自己了解才是真相。

举一个例子，如果有一名学生喜欢语文，数学较差，其背后的原因不是学习能力的问题，而是他与数学老师有私人纠纷，不愿意好好学数学。在这种情况下，如果父母只是看到表面现象，大肆给孩子购买数学补习资料，肯定是没用的。父母只有了解了其背后的原因，才能对症下药解决问题。所以说，科学的分析能力就是能够掌握大量客观资料的能力。然而，现实生活中许多父母掌握的关于孩子的资料，都是从别人那里听说的，都是自以为是的，这样非常不利于父母增进对孩子的了解，更不利于亲子沟通的健康发展，良好亲子关系和家庭氛围的塑造。

2. 客观的观察能力

孩子的情绪和行为，都能反映出孩子此刻的状态，家长要有客观的观察能力，善于察言观色。如果孩子保持某种状态已经有了一段时间，持续地低迷或莫名其妙地高亢，而父母却全然不知，那说明父母观察孩子的“摄像机”已经坏了。

但并不是要求孩子一有什么风吹草动，父母就如临大敌，还告诉身边的人说孩子出现异常情况了。这也说明父母的“摄像机”运转不灵，散光了，不聚焦了，将一切琐事全都收纳进来，不管重要与否。

3. 及时处理问题的能力

如果孩子存在某种需求，父母要及时地去了解并满足他。如果孩子在备考中犯了错，或者出现了问题，父母不能逃避，不能否认，不能假装问题不存在，而要真诚地陪他面对。

4. 保持积极的情绪

父母平日里工作繁忙，在职场或者其他地方也会有积压的负面情绪，但在高考备考的这个重要阶段，切记不要把自己生活和工作中的消极情绪传给孩子，而是要多进行积极情绪的表达。从现在开始多给予孩子微笑的表情，不要迁怒，不要无理取闹。但有些父母却需要孩子的迁就包容，自己发泄负面的情绪，孩子在旁照料他，顾及他的情绪，这样的父母就属于人格心理发育不健全的类型，是作为父母的失责。

5. 自我管理的能力

很多问题小孩出现的根源是他们有一对问题父母，他们的父母可能在人格上有一些缺失。 所以家长要有勇气面对自己的不足。在与孩子相处的过程中，如果自己是错误方而孩子是正确的情况下，即使被孩子顶撞，也要把他当作一个平等的人，虚心接受对方的意见，敢于面对内心真实的自己。

6. 位置调换能力

如果与孩子发生争执，父亲是长期处于家庭主动权地位，母亲则比较温柔，那么这个时候最好的方法是让父亲“退位”，让性格温柔的母亲“上位”和孩子沟通交流。如果在一些家庭中母亲才是较为强势的一方，那么就应该让母亲后退一步，让温和的父亲来承担与孩子沟通的责任。总而言之，谁进谁退的目的就是让原来那些无理的行为、莽撞的方式都尽量减少。因为考生当下正处在一个高压状态，所以父母这时就要采用温柔的方式，强势的那一方一定要退后。

7. 懂得尊重和自尊的能力

在亲子沟通中，家长要和孩子保持平等地位，严禁将子女看成自己的私有财产，用居高临下的态度对待他们。懂得尊重别人的人，本人的自尊水平一定也很高。高自尊的人，在人际交往中和别人相处时是非侵略性的，凡是经常侵犯别人边界线的人，实际上是低自尊的人，只有高自尊的人才能做到真正的尊重。有些家长长期处在不自觉侵犯孩子尊严的行为环境中，并没能真正地满足孩子的需要，他们知道得很多，但从不行动，也不当回事，没有做到知行合一。尊重是种纯粹的行为，表达就只是表达，不是为了语言背后的真实目的弄虚作假，如果父母的行为让孩子觉得他被侵犯了，让孩子觉得自己需要防守，那父母的行动就是失败的。

四、两种沟通原则及技巧

在亲子沟通的过程中，父母还需要掌握两种沟通技巧。第一个技巧是“四不”原则——不负言、不啰唆、不逃避、不施压，这四点是每段沟通关系中通用的原则，尤其是在面对孩子时，为了让他感到父母愿意置身于谈话中，就一定要遵守这“四不”原则。

亲子沟通中的第二个技巧是延迟满足，它的意思是指在高考期间当孩子提出一些要求，父母应该有技巧性地满足他，不要当下就给予他想要的东西，而是将它设立为一份奖品或者奖励，让孩子对明天有所期望，让他的幸福感延长。

第三章
不良行为的干预

孩子在学习生活中，并非孤立的个体，而是身处于复杂而密切的社会关系中，其中跟孩子相处时间最久的就是家长。尤其是在家庭日常中，父母都是与孩子关系最密切，在朝夕相处间对孩子产生最重大影响的人，父母的教养方式直接影响孩子的性格形成和学习成绩，所以在每一个孩子的成长过程中，父母的一举一动都是至关重要的，而如何做合格的父母，就是家长需要不断反思、不断实践、不断成长的最大命题。

一、何为家长的“不良行为”

父母并非生来就有做父母的能力，父母的行为举动也是在和孩子的互动中逐渐形成自己的风格的，在这个相互影响的过程中，极少数父母能做到十全十美、毫无瑕疵，大部分家长的教养方式都是有弊端的，体现在日常生活中就是一些不良行为。不良行为是指违反法律法规或者违反社会规范的一些行为，它也许是违反了公共生活准则，也许是违反了社会生活、学习、劳动等方面的纪律，是一种不符合社会公共道德的行为。不良行为如果不受到制止而继续往前发展就会走向犯罪。但是在本书的语境中，家长的不良行为并不是从法律道德层面来讲的，它的效用范围是在父母和孩子的日常生活中。家长的不良行为是指家长在做出某些判断，或者是进行某些行为的时候，这些判断、语言、行为都是不符合孩子的心理发展特点的，也不能够顾及孩子在学习生活中需要遵循的规律，并且没有照顾到孩子的主观情绪感受，只是按照一种主观的、自我的行事准则来行动，向孩子输出“我”认为好的东西，逼迫孩子沿袭“我”认为好的道路前进，如果孩子一旦表现出抗拒，家长就以批评、恐吓、威胁的态度对待孩子，这些行为就统称为家长的不良行为。而这种行为大有弊端，它的出现会遏止父母和孩子之间的情感交流，截断孩子和父母的情感联结，使亲子关系陷入低谷，家庭氛围沉重，让家长和孩子因为误解而视对方如仇敌，水火不容。

家长的这种不良行为，阻碍了孩子和家长之间的沟通，从而造成家庭的矛盾。在不良行为发生的时候，不一定是父母双方的共同责任，有的时候父母意见也不统一，父亲按自己的行事准则输出言论和行动，母亲不认同，父亲责骂甚至家暴孩子的时候，母亲又心疼。母亲按照自己的教养观去教育孩子的时候，父亲有时又觉得太过溺爱，会不利于孩子人格的成长。父母其中一个的不良行为、父母双方的不良行为、父母之间的矛盾，都会造成亲子矛盾、家庭矛盾以及夫妻矛盾。父母的不良行为不但会影响无辜的孩子，有时候还会反作用于自己，让夫妻之间失去信任。有一些家庭的矛盾不断激化，又为了孩子不断容忍，最终在孩子高考结束后分道扬镳，婚姻关系走向解体，有时候还会造成更加惨痛的悲剧和意外，这些都是不良行为带来的严重弊端。

如果孩子受到父母不良行为的影响太深，怨念越积越多，甚至会导致极端情况的出现。

家长之间的伤害，家长对孩子的伤害，孩子对家长的反击，这些不良行为带来的不良后果看起来触目惊心，但它们并非“无药可医”，只要掌握了不良行为的起因、心理根源和特点，并施以恰当的预防或补救措施，父母的不良行为是完全可以被矫正的，只要心态端正积极，不良行为也能逐渐转化为良性行为。

二、家长不良行为的特点

为了改正不良行为，父母首先要了解自己身上究竟有哪些不良行为，不良行为有些共同的特点，这也是识别它们的几大标志。

1. 只关注学习，不关注情感

众所周知，高中阶段是世界上公认的，最具有挑战性的一个升学阶段。每当孩子进入到高中阶段，整个家庭的氛围就是倏地紧张起来，有的家庭甚至会进入剑拔弩张的状态。这种紧张不是表现在某一个方面，而是无孔不入。在生活上，整个家庭都会陷入一种以“高中生”为中心的生活规律，一切安排都围绕着高中生去进行，父母会根据孩子的作息时间，根据他的生活学习习惯去安排自己的工作和生活，逐渐做到去个人化，完完全全成为家庭机器的零部件。

这种紧张也表现在孩子本人思想上的紧张和承担的压力。从孩子进幼儿园开始，到小学、初中、高中，接着再上大学，从我国教育进阶来看，高中阶段是难度最大的。媒体在调查的时候发现，很多高中都存在些普遍的问题，比如独生子女的问题，他们因为自己在家庭中的独特性，所以往往受到极端的宠爱，在父母的溺爱下养成了不懂规矩、不知感恩、没有责任心的人格特点。还有单亲家庭问题、重组家庭问题、隔代监护家庭问题，并非每一个孩子都会遭遇这样的问题，但他们之中绝大多数都形成了内向、多疑、自卑、孤僻、抑郁、固执的性格。还有一些孩子在学校里遭受挫折，回家后也得不到理解和帮助，由于家人位置的缺失，导致孩子情感的沟通缺失，得不到关爱，于是他们就有可能会逃避现实，到网络中去寻求安慰。

在孩子身上所出现的这些现象，往往都是跟家庭教育有关的，而家庭教育的本质就是情感教育，最重要的并非知识文化的传授，而是家长和孩子之间密切的连接，和家长给予孩子的爱和温暖。孩子天生就有爱父母的本性，而父母也应该回报孩子这样一种无条件的爱，不能因为他调皮捣蛋不听话就不爱他，也不能因为他学习成绩不好就不爱他。父母对孩子的爱应当是：我爱他，仅仅因为他是我的孩子。

在 2011 年，曾经发生过一起恶性事件，某位学生因为学费的问题和母亲发生争执，最终拔刀刺伤了母亲。该事件发生后，社会各界都涌起了疑惑的声音，不明白一个 23 岁的男孩为什么会伤害自己的亲人。在非常极端的恶性事件背后，都能找到一个共同的诱发因素，那就是家庭教育片面地强调知识和技能，而割裂了情感的教育。因为父母非常过度地关注孩子书本知识和技能的掌握，而把情感沟通割裂开了，这样教育出来的孩子最终变成了冷血无情的分数机器。新闻上甚至还报道过这样的事件：有个孩子从小就被灌输“学习是生活的唯一目标”这样的观念，于是他从小学一路读到大学，考上重点大学之后就自杀了，因为在他的概念里，他已经完成了父母的要求，而他的生活也没有了其他的企盼，于是放弃了生的权利。

这类现象的出现表面上是因为父母过于看重孩子的成绩，给他们造成了巨大压力，这虽然也是诱因之一，但其实这类恶性事件出现的真正根源在于情感的缺失，在于孩子与父母情感连接的割裂。在他们需要关爱，需要抚慰，需要父母的爱和温暖时，父母却只给予了压力的威吓，长此以往就会塑造出一个缺乏感情的孩子，一个冷冰冰的学习机器。有的家长是怀着一种在应试教育体系下不得不为的迫切，为了孩子的美好未来，必须要重视他的成绩，重视知识、技能和分数，这是可以理解的。但是在这方面之外，孩子的情感、思维，包括他的德育都是应该纳入考虑，甚至是放在第一位的。家长一定要摒除孩子“只需关注学习，别的全都不用管”的错误思想，学习固然重要，但更重要的是培养出一个有血有肉，懂得爱和感恩，身心健康发展的孩子。

2. 只要求孩子学习，自己却原地踏步，从来不学习不成长

父母和孩子的沟通除了需要主观的意向，还需要客观的共同话题，有许多父母无法跟孩子沟通的原因就是发觉自己和孩子有代沟。父母和孩子没有共同的爱好，也没有共同的兴趣，要想找到话题来沟通感情就变得困难，父母和孩子之间的情感连接始终无法密切起来。

有一些调查问卷中提问孩子最想和父母沟通的内容是什么？98% 的受访学生表示，希望父母能够关注自己真正的自我，这也就是说，孩子希望父母能够主动地去了解他们的孩子究竟是个怎样的人，在学习之外，在课余时间里喜欢什么，个人爱好是什么，希望和父母聊一聊自己喜欢的体育明星、历史奇闻、健康保健之类的知识，讲一讲某些轶闻和小故事，并非与学习完全无关，而是从另一个视角发掘各类事件中的兴趣点。

调查显示，家长最想跟孩子沟通的是什么内容呢？有 99% 的家长都希望和孩子谈论他们的学习，希望提出的问题无非是：你的学习怎么样？成绩怎么样？最近在学校里

有没有好好学习？有没有跟同学打架？可是对于孩子，他们最想让父母关注的是个人的爱好，聊一聊轻松的话题。只有 16% 的学生的理想聊天内容是关于未来人生的规划、学习生活等，这些都是排在选项极后面的。正是由于家长和孩子渴望交谈的方向南辕北辙，所以他们聊无可聊，情感连接很难建立起来，而这种情况反过来又影响谈话的意愿。如果孩子和家长感情密切，那么交谈的频率自然会上升，如果亲子关系冷淡，聊天的机会自然也将变少。

所谓家长需要学习，需要成长，并不是指父母要和孩子一样坐在教室里没日没夜地上课，许多家长宣称自己平时工作繁忙，忙于谋生和赚钱，没有空余时间可以分配给学习和个人成长，但当前语境里的“学习”是指各个方面的学习和自我成长，学习的内容和方式可以是多元的。在公司任职管理岗位的家长可以学习管理学的相关内容，在人力资源部门工作的家长则可以阅读一些关于人际交往方面的心理学书籍。这里的成长是指家长们在工作之余，可以组织一些其他活动，比如组织志同道合的同事家长一起探讨孩子的教育问题，互相交流孩子在不同时期的心理状态变化，在交流中促进成长。

在现实生活中，父母最希望谈论的学习话题往往是孩子最反感的方面，而很多父母却没有意识到这一点，不断地询问、插手孩子学习上的事情，给孩子们增加了巨大心理压力。

我们时常面临这样的现实情境，当孩子想表达自己对目前沟通内容的拒绝时，他们可能会逃回自己的房间，并把房门用力一甩，把父母关在了外面，也把沟通交流的可能性关在了外面。每当这种时候，父母总是手足无措，而孩子的内心往往也是诚惶诚恐的。高中生在这个年龄阶段的心理状况是复杂的，他们进入青春期之后，独立意识和自我意识都增强了许多，比起年幼的时候其实更愿意和人交流，当遇到困难时，他们往往会寻求信任对象的帮助，当这种帮助不是指实际的解决方法，而是希望能得到理解和接纳。如果这时候父母能够放低身段，将自己摆在和孩子平等的位置，用朋友身份和孩子沟通，那么谈话的效率一定是事半功倍的。

有一些家长常常抱怨，说自己孩子不知道怎么了，以前读初中的时候非常乖巧，让他怎样就怎样，现在上了高中之后却像变了个人，什么都要唱反调，父母说了几句他就嫌烦。这样的埋怨是非常普遍的。高中生和初中生相比，心理上已经有了很明显的差异，作为家长应该了解孩子在每个成长阶段的特点，尤其是升入高中之后，孩子有了更强的自我意识，喜欢自己处理学习和生活中遇到的问题，不愿意接受家长和老师过多的干涉。可是许多家长却往往会忽略孩子在这个特殊阶段的特点，仍然沿用对待小学生、初中生的老方法，用旧眼光去看待孩子，认为孩子还非常幼稚，那么孩子势必就会表现出厌烦情绪。有些家长在教育中存在一个误区，认为自己的人生经验更丰富，明白孩子哪个举动会引来怎样的不良后果，所以要提前插手规避，可事实上，哪怕明知道孩子在某个地方是会做错的，是会摔跟头的，父母也不能插手，这个坎必须是孩子自己迈过去的，父母不能代替他摔跤，不能帮他规避人生所有的风险。孩子只有自己摔了跤，才能在失败中吸取经验，吃一堑长一智，这样才能在实践中不断成长。

有些家长抱着在自己的庇护下孩子能一辈子不失败、不吃亏、不摔跤的想法，是非常不切实际的，而且这样的幻想在现实中并不利于孩子的成长，只有孩子自己切实地体会过失败，才能在失败中吸取经验，成为自我成长的养料。

随着社会的进步和发展，外界环境日新月异，色彩斑斓的新鲜事物总吸引着学生的目光，尤其是当代高中生更是新浪潮的最大受益者。现今的高中生比 20 世纪的高中生更有自己的想法，更难以管理和教育，他们动辄就会与家长和老师形成水火不容的态势，令家长在教养孩子的过程中时时感到无所适从。

3. 对孩子的教育放任不管，而且还推卸责任

在父母的思维中，工作是第一紧要的，有些父母也确实正处在事业发展的上升期，事业风生水起，公司业务非常红火，有一些担任公职的家长走到了更加重要的岗位上，担负的责任更多了，压力也更大了，成了单位的骨干和领导。所以很多家长确实是工作繁忙，上班时间况且不说，下班之后还要加班和应酬，自然就无法空出时间来陪伴和教育孩子，这样的客观因素是存在的。另一些家长则还有其他看法，认为孩子在升入高中之后的课程难度直线上升，已经超出了自己可以辅导的范围，所以自己想上心也没有办法，自然地把责任全都推给了

学校和老师。但无论是以工作忙为借口还是以自己文化程度不够来推卸责任，其实都是一种放任的表现。如果父母故步自封或醉心工作，那么父母和孩子之间就会逐渐地断开，失去彼此之间的情感连接，越来越疏远，亲子关系逐渐变得如履薄冰。

家长的学习与孩子们在学校的读书学习不一样，家长的学习是一种积极向上的成长状态，并不是要求家长时时刻刻手里捧着一本书读，而是日常生活照旧，和孩子保持正常相处，但是在工作之余，用娱乐的时间来丰富自我，看书、听课都是自己的选择。有些父母学习的出发点就是错误的，他们认为自己学习是为了孩子，是为了跟上孩子的步伐，去除代沟才不得已而为之。但事实上，家长的学习应该是全然为了自己，从学习中，家长不但能获得有益于自己生活的养分，也能促进自己工作技能的快速成长，与此同时还能开拓知识面，逐渐找到跟孩子的共同语言，还能在学习中培养家庭共同的兴趣爱好，是件一箭双雕的乐事。父母的学习不应当是做给孩子看的一场戏，不是见到孩子在学习自己才读书，只有为了自己的进步和发展而学习才是真正的学习，也只有这样，孩子才能真正看到家长的进步和变化。

有许多家长保持着“顽固不化”的思想，认为自己年岁已高又工作繁忙，始终不愿意踏出学习的脚步，这种情况是非常棘手的。如果家长本人拒绝学习，其他旁观者也没有任何可行措施去帮助他，那么只能陷入无尽的等待之中。家长如果始终拒绝学习，不成长、不进步，那么和孩子之间的沟通问题就永远得不到解决，亲子关系将永远呈现僵局。自己拒绝成长，而指望通过外界的协助来拉近自己和孩子的关系，这是不切实际的。俗话说，家长成长一小步，孩子成长一大步。很多家长总是把公务繁忙当作挡箭牌，认为自己分身乏术，没有时间和精力来学习和照顾孩子，也不能在学业方面给孩子很多的帮助，但是孩子不会因为家长的忙碌而停止成长，尤其是在处青春期的他们思想变化比以前更快，所以家长必须进入一种更加全神贯注的境地里，需要花费更多时间来关注孩子的思想和情感，并试图拉近和他们的距离，让他们觉得父母是一个安全的港湾，自己可以在此处吐露心声。因此，工作繁忙并非一个足够合理的借口，无论多忙，也要在下班回家之后抓紧时间跟孩子聊聊天，了解他当下的情绪和想法，一旦家长和孩子的心的距离拉近了，那么也更加能得到孩子的信任。真正密切的亲子关系是没有间隙的，孩子会跟父母讨论他想讨论的一切，包括和同学的关系，有没有喜欢的人，以及从社交媒体上看到的新闻报道。而当孩子愿意敞开心扉和父母交谈时，家长就要把握这个拉近距离的机会，要用心聆听，让他们感受到父母对他们的重视，从而令他们在心理上获得尊重和满足，让他们看到家长对他是关注的，是关心的。陪伴是父母和孩子共同成长的过程中不可或缺的一部分，父母在陪伴的时候，能够传递出自己对孩子的爱和关注，能够让心声互通，最后形成良好的家庭氛围和亲子关系。

4. 喜欢唠叨，而且总拿孩子和他人相比较

许多家长的初衷是希望在比较中激励孩子上进，让他们看到自己的缺点，然后迎头赶上。但事实上，拿孩子与他人相比的做法很多时候会适得其反，因为这种做法会带给孩子一种暗示“别人家的孩子比你优秀，你是差劲的”。每个孩子都是独特的，虽然他们可能会有许多缺点，但父母不应该只关注孩子的缺点，而是应该用

一颗包容的心去发现孩子的闪光点，不要用自己孩子的缺点去与别人家小孩的优点做对比，这样是不公平的，而且也不利于亲子关系的建立与巩固。

5. 心源性的过度焦虑，以及由焦虑引起的关心过度

有些家长对孩子的关注是全方位的,从衣食到住行，几乎像一个全方位摄像头，无时无刻不在关注孩子的一举一动。有些家长秉持着学业上无法帮助孩子的想法，所以在生活的其他部分就会产生代偿心理，希望能在生活中给予孩子足够的帮助。就以饮食为例，有的家长甚至会一天到晚不停地抛出问题：早上吃什么？晚上想吃点什么？周六周日吃什么？让孩子感觉自己已经被问题包围。除了饮食，包括着装或是生活中的其他琐事，如果父母不断地询问这些琐事的细节，就会传递出一种“我很焦虑”的信号，让孩子也被父母的焦虑情绪感染。

父母固然可以关心孩子，但这种关心不应该是琐碎至极的，父母对孩子可以是严格的，但不是苛责的，所谓严而有度，严而有序。严厉固然是有其裨益，也有一些成功的范例，比如新闻报道中崇尚棍棒底下出学霸的“虎妈狼爸”，有个别孩子可能更适合这样严格的教养

方式，但是大部分孩子却不能习惯，父母如果一味采用“虎妈狼爸”的形式去教育他们，就很有可能把孩子推向另一个深渊。进入青春期前后，青少年在生理和心理上会经历一系列剧变，所以这个时候也被称为“心理断奶期”。作为父母，这个时候在与孩子的相处中要遵守两个原则——尊重和理解。处在这个时段的孩子自我意识空前强烈，十分渴望被看作独立的成熟个体，如果父母不能尊重这种需求，而是仍然把他们看作小孩，他们就会产生厌烦的心理。如果父母在评判孩子的某些行为举动时，认为他们是幼稚、青涩的，也会伤害到孩子的自尊，使他们产生反抗心理。

6. 在处理孩子的男女情感关系问题上，态度和手法过于粗暴

正经历着青春期尤其是高中阶段的孩子，经常会遇到自己心仪的男孩或者女孩，产生想要交往的美好愿望，憧憬着与对方一起去往理想的大学，这是非常正常的情况。在遇到类似情境时，孩子们最害怕、最担忧的就是父母指责男女生交往会影响学习，影响自己的前途。这个时候父母如果能够巧妙地、充满智慧地去引导，让孩

子在这个阶段，处理成长的烦恼的过程中能得到温暖，那么孩子会将这种理解和感动铭记在心。

有这样一个例子，一位妈妈和她的女儿生活在不同的城市，这个女儿告诉妈妈说她恋爱了，妈妈就给女儿写了一封信，信上写道："很高兴你能亲口告诉我这个消息，也很高兴有人在我和爸爸不在你身边的时候照顾你。我和你爸爸也是中学时代认识的，我们当时相约要一起努力，一起考上理想的大学，我们通过不懈奋斗，最终真的一起考上了理想的学校，幸福地走到了一起。"女儿看了信之后觉得非常感动，因为她知道妈妈是理解自己的。

三、家长不良行为产生的原因

家长的不良行为有区别于其他不良行为的特点，它们往往会在与孩子的相处中显现端倪，而这些不良行为产生的心理根源是什么呢？我们一般将它们归类为以下几点。

1. 家长的心理资本不够强大

所有个体，无论是成年人还是青少年，心理资本都是我们赖以生存最重要的资源之一。心理资本包括自信、希望、乐观、韧性等维度。一个人的自信体现在他对生活的态度中，当工作、家庭出现困难、遭遇危机时，个体是否相信自己有足够的能力去面对、解决眼前的困境，这就是一个人自信的直接体现。而作为家长，拥有自信的最大表现就是在家庭生活中，面对亲人尤其是面对子女，有没有妥善处理好亲子关系的能力。

希望是评估心理资本的维度之一，当个体遭遇困境或挫折，比如公司发展遇到暗礁，或者是晋升之路发展不畅，这时候能不能保持心态乐观，保持一种昂扬向上的斗志，都是心怀“希望”的判别标准。假如一个家庭中的父母都是希望满满的乐观性格，那么这个家庭的孩子也会耳濡目染这种乐观，当他遭遇暂时的低谷或者遇到细微的困难时，他也能心怀希望，勇敢地跨越过去。父母对孩子的期望往往不是让他们成为人中龙凤，而是平安健康，在社会上找到属于自己的位置，而这个时候，心怀希望就是最重要的品质。

乐观就是当个体遇到困难的时候，能够保持一种积极的状态。在克服困难的过程中，他可能会情绪低落，但因为保持着乐观的精神，所以能够迅速调整自己的心态，把自己不良情绪控制在一个有限的范围内。然而，有的家长却恰恰相反，在工作或者其他人际交往的过程中积累的不良情绪，通通带回家发泄到孩子身上，这就是一种负能量的迁移，也就表明这样的家长是心理资本十分匮乏的，因为情绪管理能力低下，连带着夫妻关系、亲子关系冷漠，整个家庭氛围都陷入低谷。

心理资本中还有一个指标是韧性，韧性是指一种百折不挠的信念，遇到困难时不害怕也不逃避的态度。假设某个家庭中的父母是缺乏韧性的人格，在生活中遇到困难或者挫折时第一反应是逃避，或者干脆放弃，那么这种做法也会给孩子造成极强的负面影响。在家庭生活的耳濡目染中，父母做事的风格会影响孩子待人处事的观念，如果孩子目睹父母在遇到困难时，比如公司发展遭遇危机，选择踏实努力地奋斗，发奋重整旗鼓，让公司回到正常轨道，那么孩子也会受到这种决心和毅力的影响。同样的境况，如果父母在困境中选择逃避，那么在这种氛围中培养出来的孩子，也会缺乏勇气和韧性。家长心理资本的强大与否直接影响了孩子的个性形成。

一个心理资本强大的家长，他拥有自信、乐观、希望、韧性，那么他的孩子就会从家长的身上汲取到更多营养，滋润心灵。

2. 家长爱的能力不足

每一个身为人父身为人母的家长都宣称自己深爱着自己的孩子，但是爱的欲望和爱的能力是不能混为一谈的，因为爱的欲望源自天然，是人类的本能，先天就存在于我们的基因中，而爱的能力却需要后天学习才能形成，需要付出主观和客观两方面的努力。

爱的能力不是一个笼统的概念，它可以被具体细分为五个方面：情绪管理能力、表达能力、共情能力、包容能力和影响能力。情绪管理能力是指家长能够控制住自己的情绪，让它保持在一个平稳的范围内，当负面情绪出现时，主动采取措施使它平复，不让它迁移到孩子身上，在孩子面前，始终保持积极乐观的一面。表达能力是指家长心疼孩子的方式不能出错，不要以一种批评和指责的形态出现。共情能力是指在家庭生活中，尤其是父母看到孩子情绪状态不佳时，不要教育他，不要跟他讲道理，父母只需用简单的一句话来表达自己的关心，或许是暖心的话语，或许是关怀的问候，甚至是一个简单的拥抱，都能让孩子感觉到父母是理解他现在的心情的，是爱他的。包容能力是指父母要给予孩子一定的自由空间，每个孩子都像一棵一棵稚嫩的树苗，每一棵都和其他的不一样，父母要包容他们的差异，允许他们向着蓝天不断地成长。

而在家长的错误思想和观念这方面，有这样几种表现：望子成龙、坚持不能让孩子“输在起跑线上”、变相的拜金主义等，这样的错误思想都属于家长不良行为的范畴。不良行为形成的原因之一就是沟通方法和技巧的缺乏，某些家长很多时候不知道该如何正确地和孩子沟通，总是延续着上一辈自己的父母对自己的教养方式，简单而粗暴，这样的教育就是许许多多不良行为的根源。

四、如何改正不良行为

在了解自身不良行为的现状之后，家长为了寻求改变，一定要通过学习和自律来修正自己的想法与行为，通过以下九个好习惯的养成，来将不良行为逐渐改造为良性行为：第一，终身学习，和孩子一起成长，一起成为更好的自己；第二，保持情绪稳定，创造家庭积极向上的生活氛围；第三，真爱和严格要求相结合；第四，诚实守信；第五，不代替孩子成长；第六，发现孩子的优点和闪光点，不吝啬于鼓励孩子；第七，教导孩子承担责任；第八，关心和引导孩子学习；第九，家教合作，沟通统一。家长和老师要结成统一阵营，一起为孩子的学习和成长保驾护航。希望每一位家长都能养成这九种好习惯，与孩子一起成长，共同进步。

第四章
家长的积极心态管理

积极心态实际上源于积极心理学，其实不论是对于孩子，还是对于家长，学习积极心理学是为了让每一个人、每一个家庭都可以走向更幸福的未来。那么靠近幸福的正确方法是什么呢？如果一个人能够愉悦地去接纳自我现在的状态，然后肯定自己现在所做事情的意义，积极投入工作，在投入的过程中，不断地积累正向体验，最后达到一种自我满意的状态，而这种自我满意的状态又会反过来去促进自我接纳的能力。

一、何为家长的积极心态

本章的主题是家长的积极心态和管理，那么究竟什么是积极心态，心态这个词的本质含义又是什么呢？从心理学的层面来定义“心态”，其实就代表着一种心理的状态。这种心理的状态又由什么东西来构成的呢？它是介于两种状态之间，第一种状态被称为“心理过程”，心理过程是处在不断的变化中，是暂时性的，比如说个体今天看到一个特殊场景，看到一件特殊事件，该场景和事件刺激到个体的感官，在目睹之后导致个体产生各种各样的心理活动，那么这个过程就是所谓的“心理过程”。

第二种状态叫作“个性心理特征”，相对于心理过程而言，它是比较稳固的，属于人的个性特征这个大类，也就是人格状态中的一部分。综上所述，在本章节语境中的“心态”，也就是我们所说的心理状态，它是介于心理过程和个性心理特征两者之间的一种状态。人的心态是复杂的，它既有暂时性、变换性的一面，也有稳固不变的一面，它是心理过程与个性心理特征统一的表现。所以当我们从心理学的层面去看待“心态”这两个字的时候，就能够理解为什么对于同一件事，不同的个体会产生不同的心态，因为这是由他们的个性心理特征决定的；而拥有相似的个性心理特征的人，面对同一件事情时也会持有不同的心态，因为这是由他们不同的心理过程决定的。

世界上有许多关于心态的名言，第一句名言来自狄更斯的，他说：“一个健全的心态比一百种智慧更有力量。”这句话直接点明了心态对于人生的重要性。第二句名言来自马斯洛。他说：“心态若改变，态度跟着改变，态度改变，习惯跟着改变，习惯改变，性格跟着改变，性格改变，人生就跟着改变。”这句话说明，心态对于人生有着蝴蝶效应般的作用，它在起始位置可能是很小的一个点，但它可以不断地变换、演化，从而凝聚成一股巨大的力量，直到影响我们的人生。第三句名言来自人类学家、社会学家费孝通先生，他说：“人类学的新使命就是从生态研究到心态研究。”从这些名言中，我们能够清晰地感受到心态的重要性，而且它不仅是对于正处在高考备考阶段的考生、与考生朝夕相处的家长来说是重要的，而且对于每一个社会人，每一个渴望认真生活的人来说都是至关重要的。

了解了“心态”的准确内涵之后，下一个关键词是“积极心态”。生活中时常有这样的情况：对于同一件事，不同人的态度和看法有着极大的差异。心理学界很著名的双歧图实验就与积极心态有关，是指同一张图，有的人看到的是一个美少女，有的人看到的却是一个年迈的老太婆。双歧图是将不同信息组合在一起而形成的图画，而各个部分信息的不同组合方式会呈现出不同的图像，传递出不同的信息，人在知觉客观世界时，总是有选择性地把少数事物当成知觉的对象，而把其他事物当成知觉的背景，以便更清晰地感知一定的事物与对象。这种知觉的对象从背景中分离的过程与注意的选择性有关，当注意指向某种事物的时候，这种事物便能成为知觉的对象，而其他事物便成为知觉的背景。因此，在以不同的图片部分作为知觉对象时，会看到不同的图片，这就是所谓的双歧图。实际上双歧图没有正确与错误之分，只是每个人看到这张图片的时候，第一个重组的认知不同，可能会把它认知成为一个老太婆，也可能把它认知成为一个美少女，看事物的角度不同，导致了大脑收到的信息不同。

借由双歧图，积极心态的内涵可以得到更形象的阐明，积极心态主要是指一种积极的心理状态或者是态度，是一个人对于自己、他人或者事物的积极、正向、稳定的一种心理倾向，它是一种良性的建设性的心理准备状态，是各种正向的、主动的、积极的心理品质的培养和训练，这些统合起来就是我们所说的积极心态。与积极心态有关的另一个事例是半杯水的故事：两个人同时出去运动又同时筋疲力尽、口干舌燥地回来，在房间的桌面上摆着一个杯子，杯子里有半杯水，心态消极的人会说怎么只剩半杯水，而具有积极心态倾向的人则会说幸好还有半杯水。同样的境况，不同的情绪反应，这就是消极心态和积极心态对于人的影响。每个个体在认知事物的时候倾向性都是不同的，有些人倾向于积极的一面，无论看到什么事物都不认为它是绝对消极、绝对悲观的，客观上再崩坏的事物他都能发掘出积极阳光的一面。而持有消极心态的人，无论面对再乐观的现状，他都能够在其中找到一丝不安的成分，一丝危险的或者不确定、不稳定的成分、消极的成分，这就是消极心态与积极心态的定义和内涵。

在了解了何为积极心态之后，下一部分需要探讨的就是“什么决定了我们的心态”。心理学上关于心态的著名理论有情绪 ABC 理论，它的创始者埃利斯认为：正是由于人们常有的一些不合理的信念才使我们产生情绪困扰。如果这些不合理的信念一直存在，久而久之还会引起情绪障碍。

在情绪 ABC 理论中，A 表示诱发性事件；B 表示个体针对此诱发性事件产生的一些信念，即对这件事的一些看法、解释；C 表示自己产生的情绪和行为的结果。A 是指事情的前因，C 是指事情的后果，有前因必有后果，但是有同样的前因 A，产生了不一样的后果 C1 和 C2。这是因为从前因到后果之间，一定会通过一座桥梁 B，这座桥梁就是信念和我们对情境的评价与解释。又因为同一情境之下（A），不同的人的理念以及评价与解释不同（B1 和 B2），所以会得到不同结果（C1 和 C2）。因此，事情发生的一切根源来自信念（信念是指人们对事件的想法、解释和评价等）。激发事件 A（activating event 的第一个英文字母）只是引发情绪和行为后果 C（consequence 的第一个英文字母）的间接原因，而引起 C 的直接原因则是个体对激发事件 A 的认知和评价而产生的信念 B（belief 的第一个英文字母），即人的消极情绪和行为障碍结果（C），不是由于某一激发事件（A）直接引发的，而是由于经受这一事件的个体对它不正确的认知和评价所产生的错误信念（B）所直接引起的。错误信念也称为非理性信念。

用通俗易懂的语言来表达，情绪 ABC 理论表述的就是一件恶性事件并不是个体产生不良情绪和行为障碍结果的直接原因，我们对该恶性事件的看法和认知导致了不同的情绪状态跟行为结果。也就是说，如果从积极心态的角度来说，比如孩子的模拟考试成绩不好，偏科或者是总分不高，这样的事件可能会导致非常多不同情况的结果，并非绝对会引起家长自己的失望和对孩子的极度焦虑与担忧，实际上在考试失利这一事件和最终的情绪反应之间还有一个环节，就是家长本人对模拟考试失败或者偏科的主观看法。有一些拥有积极心态的考生坦然表示，自己对每一次模拟考试成绩的期待自然是做到最好，但如果某一次模拟考试出现遗漏甚至是失利的情况，他也不会灰心失望，甚至很开心，因为他庆幸于这不是真正的高考，现在出错不可怕，还有时间改正和进步。

从考试失利到积极的情绪反应，这中间经历了怎样的认知过程？心态积极的考生看到这件事是以一种幽默的眼光，他认为每一次模拟考试都是查漏补缺的过程，每一次模拟考试都能让他发现自己提分的空间在哪里，每一次模拟考试的失利都是有价值的，从一两次的失利中收获的东西远比在真正的高考中失利的要多得多。情绪 ABC 理论阐述的一种观点也正体现了个体主观认知的重要性，事件本身不会直接导致恶性结果，只有当事人对事件的看法和认知才是情绪反应与最终结果的决定因素。

决定个人心态和事件结果的因素除了不同的认知风格之外，还有许许多多的影响因素。对于每一个家长，他的心态都是由复杂的各种因素相互影响而决定的，不仅仅只是因为孩子的学习成绩这一点。通过调查结果我们发现，很多家长表示他们有时会因为各种各样的因素而改变他们对孩子的看法和心态，比如在和同事、朋友之间的攀比时，其他人的孩子如果非常优秀，那么就会影响到他们对自己孩子的心态。父母之间的夫妻关系、夫妻的情感交流，其实也会影响到父母跟孩子的亲子状态。

个体的心态不仅仅是由心理生态环境决定的，还受到客观的人文环境的影响。除了内在的认知原因还有外在原因，也就是我们所处的社会关系决定的，个体在生活中曾经或正在与之产生关系的每个人都会对个体的心态产生影响，我们每个人都是社会人，因此我们的心态也是社会环境的产物。

二、家长积极心态的重要性

人生最重要的考试当前，许多高三学子都会感受到极大的压力，有的学子会将其转化为动力，更加发奋学习，但也有心理素质较弱的考生，会被压力压得喘不过气，以至于影响学习的状态和考试的发挥。考生的压力来源是复杂多样的，造成他们身负重担的原因不仅仅是来自学业，这种状况更多地与家庭教养的氛围，以及自我调节的能力息息相关。

作为一位高三学生的家长，在这最后的冲刺阶段，应该掌握怎样的方法来营造良好的家庭氛围，又该以怎样的态度和方式和孩子相处呢？这一切都建立在家长本人的良好心态基础上，只有自己的态度摆正了，情绪稳定了，家长才能在和孩子的日常相处中输出积极的暗示信号，潜移默化地塑造孩子的乐观积极思维。所以本章的重点内容即是家长的积极心态与管理，也是本书的关键之一，帮助家长们了解应该如何进行建设和管理自己的积极心态，特别是在陪伴孩子进行最后冲刺阶段的时候，家长该如何调整好自己的心态，才能够让孩子也保持积极的情绪状态，更好地在考场上发挥。

有一个“在高考备考期间，期待能得到帮助的事件”的研究，其调查结果显示，有 34.5% 的家长最希望得到的帮助是“如何调节孩子的心理压力”，有 6.5% 的家长认为“调整好心态对于孩子的高考发挥最有助益”。这两个数据显示，按比例是比较低的，这也直接且正面地表现出大部分家长对备考过程中考生的“心态”和“情绪”重要性的忽视，说明有些家长的认知还是片面而肤浅的，认为孩子的心情并不是一件多大的事情。但事实上，在备考和高考的考场上，直接影响他们发挥的不是某个具体的知识点，而是他们当下的情绪状态。而且在进入考场之前，备考过程中考生得到的情感支持和帮助也会大大影响他们备考、复习的效率。有数据显示，在高考复习期间与家人关系更佳、心情更愉快的考生，普遍显示出复习的效率更高、高考的结果更好等情况。

在备战高考的这段漫长的时间里，许多家长的心理状态波动起伏非常大，有的甚至比考生本人还要焦虑，长期处于一种极大的焦虑中，时时刻刻思考着一些跟孩子有关的问题，如：考完试该如何填报志愿？如何帮助孩子轻松减压？如何让孩子夜晚的睡眠质量变高？如何让孩子在饮食上能够营养均衡？从这些问题中能够看出，很多家长非常渴望自己能够给孩子提供帮助，可实际上，家长花费在这些琐碎细节上的时间越多，不知不觉散发出来的焦虑气息就越浓，越容易影响到孩子的情绪。

前文的调查得出的 34.5% 和 6.5% 的数值比例，二者之间存在着一定的差距，34.5% 的家长希望得到的帮助是帮助孩子调整他的压力，而只有 6.5% 的家长认为调整好心态对于孩子最有帮助。这里的调整好心态，其实从句式上我们也不难理解，实际上指的是调整好家长的心态，对于孩子最有帮助。6.5% 的比例体现了在当前备考过程中家长的普遍心态，家长认为调整好自己的心态对孩子最有帮助，这样的认知比例，实际上在全体高三家长中仍然占少数。

与大多数家长的错误认知相反，事实上，家长的积极心态有助于孩子的学业成功，尤其是良好的亲子关系，对于子女身心健康的发展和学业成就的取得都是至关重要的。所以家长本人的积极心态的重要性应该远远大于目前高三家长们的认知。

有这样一个例子里，某位考生患上了严重的考前焦虑，在高考前的几次模拟考试中，出现了严重的应激障碍，一到考场他就完全没有办法动笔，完全没有办法去考试。该考生在平时也跟老师交流过很多次，老师表明这位考生平时的学习成绩属于中上游，但每到考试却莫名其妙地无法完成一张试卷的题目。在后来的临床咨询中，经过心理咨询师的观察，才发现该考生在日常家庭生活中受到了很大的压力，因为他的父母和很多这个时期的父母一样，对孩子抱着较高的期待。据悉，该考生的母亲常常会采用这样一种句式："你下次有把握比这次的分数高吗？"这样的表达方式乍一看很平常，但实际上却流露出非常强烈的怀疑感，表现出父母内心对孩子强烈的不信任。

有的父母倾向于采用激将法来激励孩子学习，或者是将他们和其他同学、朋友做对比，期望从差距中激起他们的好胜心，从而更加投入到学习中去，但事实上，这类型的操作都和消极暗示相似，或者说它本身就是对待孩子的一种消极方法，实际上并不能很好地激发出孩子想要去超越别人的动力，反而可能会挫伤这个孩子的自尊心和自信心。上文中提到的患上考前焦虑的男孩就是一个活生生的例子，他每一次踏入考场时，虽然在显意识层面并不会发觉妈妈的一句话对自己产生了多大的影响，但在潜意识中，那句无心的话却时时刻刻都回响在耳边，提醒着他，母亲对自己抱有的是怎样一种怀疑的、不信任的态度，这种焦虑最终在他的躯体上表露出来，让他一进入考场，身体就自动呈现出比正常状态紧张焦虑很多倍的状态。所以这位考生并不是不情愿去考试，而是他的身体状况、心理状态都已经无法支撑他参与考试。

有这样一个概念叫作“权益之病”，它的意思就是很多孩子在备考过程中出现的心理问题，尤其是生理问题，事实上很多时候都是因为他们的精神层面的矛盾和冲突已经发生，而潜意识层面的焦虑就以身体的临床病征表现出来。

三、积极心态的建设与管理

在了解了心态的影响因素及其重要性之后，接下来讨论的重点就是用积极的心态去进行建设和管理。

1. 十种积极心态

积极心态在人生的各个阶段都是非常重要的，而在高考备考的过程中，家长的积极心态则至关重要。那么在这段漫长的备战时间里，家长应该具备的积极心态都包括哪些呢？根据科学调研的结果和相关文献的查阅，总结整理出的积极心态包括以下十种，读者可以参照来反思自己在生活中有没有做到，如果有缺漏的地方，可以以此为目标，不断激励自己调整好心态，更好地陪伴孩子备战高考。

十种积极心态的第一种是信任，无论在备考的哪个阶段，是刚开始的准备阶段还是只剩下20天考试的冲刺阶段，每个时刻，无论孩子当时是一种什么状态，家长都应该给予百分之百的信任。因为压力和焦虑等因素，孩子表现出来的状态可能不理想，但这时父母不能质问他更不能批评他，而是要给予他关怀和信任，始终相信他一直在努力，一直走在奋发向上的路上。第二种是支持，在孩子拼搏努力的过程中，父母要成为他背后坚强的后盾，树立坚强可靠的形象，给予孩子不竭的力量。第三种是理解，在备考的过程中，无论是孩子还是家长，都会遇到许多预想不到的挫折，因此也难以避免负面情绪的产生，但是家长在这个时候就要注意，如果对着孩子任由负面情绪宣泄出来，实际上会摧毁孩子的心理品质，降低心理素质。所以当孩子遭遇挫折时，父母的正确做法是试着去理解他，理解他表现出来的各种各样的状态，才能够给他一种安全感，让他知道自己是被允许释放各种情绪的，负面情绪得到宣泄之后，才能更好地调整自己，以最好的状态进入高考的考场。第四种是乐观。第五种是宽容，宽容与理解其实是一脉而成的。第六种是激励，家长要重点注意这里的激励是指适当的激励，而不是以拒绝和否定为表现形式的激将法。对待每一个孩子，都要因材施教，从学校的老师到家长，教养过程中最重要的原则之一就是因材施教，父母要先了解孩子的个性状态，然后再用恰当的方式鼓励他。第七种是真诚。第八种是沉着。第九种是幽默。第十种是关爱。

一个家长如果能在生活中切实地践行这十种积极心态，那么孩子在最后的备考冲刺阶段，一定可以在父母身上汲取到充足的力量，促进他自己积极心态的建设，最终也将如父母希望的那样，在考场上发挥出自己的最佳实力。

积极心态实际上源于积极心理学，其实不论是对于孩子，还是对于家长，学习积极心理学是为了让每一个人、每一个家庭都可以走向更幸福的未来。那么靠近幸福的正确方法是什么呢？如果一个人能够愉悦地接纳自我现在的状态，然后肯定自己现在所做事情的意义，积极投入工作，在投入的过程中，不断地积累正向体验，最后达到一种自我满意的状态，而这种自我满意的状态又会反过来去促进自我接纳的能力。所以如果每一个孩子都能够按照这样的流程去寻找幸福，找到学习的快乐，那么家长也能够在这样的一个过程中找到自己的幸福，找到陪伴孩子的快乐，亲子之间不断磨合，不断合作，不断共同增进这个家庭的幸福感。

2. 积极心态小贴士

最后对于家长积极心态管理的总结可以归纳为四点小贴士：第一是上文在阐述寻找幸福的方法时，提到的“接纳”的能力；第二是积极能量的传播，无论是在跟孩子相处的过程中，还是对待周围的人际关系，多用激励的语言和积极的情绪跟外界交流；第三是积极地进行自我表达和分享，家长可以尝试着每隔一段时间与孩子进行一次交心的谈话，这是促进亲子关系非常好的一种方式；第四是积极地去转换消极意义，也就是上文提到的情绪 ABC 理论中的认知，只要个体能够积极调整自己的认知方式，无论面对多么困难的窘境，他都能够从中看到希望和力量。父母只有做到以上几点，才能保证自己的心态积极平稳，才能成为孩子在备战高考的冲刺阶段最坚实的后盾。

第五章
家长的情绪认知与调节

在上学期间，孩子与父母的关系是最重要的影响因素，可以说这层关系是所有关系的根源，一旦亲子关系没有处理好，一个孩子的所有社会关系就会从根源开始出现问题，如果把学习生活甚至是人生比作一棵树，那么不良的亲子关系就相当于不牢固的树根，它会让这棵小树陷入倾倒的危机里。

一、家长情绪与孩子情绪的密切相关性

情绪作为人的基本的生理和心理反应之一，具有相通性。它由不同的个体产生，又会在个体之间传播。情绪在每个人的生活中都起到至关重要的作用，尤其是在高考生备战高考的准备期间，一个班级、一个家庭的氛围都直接由成员的情绪决定。家长的情绪直接影响着孩子的情绪，而孩子的情绪又直接影响着孩子的成绩，因此，在这个关键时期，家长的情绪认知与调节是一个需要重点关注的部分。

备考会耗费孩子巨大的精力和能量，在这期间，如果情绪状态不佳，长期被负面情绪侵扰的话，那么孩子就会一直处在一个损耗非常大的状态中。放眼整个社会，不仅仅是学生，还有许多已经参加工作的成年人，原本是非常有能力的人才，但是由于长期被负面情绪牵绊，于是无法大步向前进，兜兜转转还是困在原地，无法为实现自己的目标而付出百分之百的努力，最终一事无成。

同样的道理，备战高考期间的孩子也是如此，如果他们的智商和能力都在平均水平以上，但是因为父母经常的指责和不信任，让他们产生负面情绪，这种情绪就是消耗性的，最终就会导致孩子无心专注于学习，复习效率下降，灾难性的后果也将在高考的考场上直接体现出来。相反，如果一个孩子学习能力和智商只是平均水平，甚至比较低下，但是父母总是用积极的语言来鼓励他，用爱的眼睛来发现孩子的优势，用正面的行动支持和激励孩子，不断地促使孩子挖掘出自己的潜力，这样的孩子自我效能感会更高，复习效率也会更高，能够以最佳状态踏上高考的考场，得到比学习能力强的孩子更理想的考试结果。

因此，家长的育儿方法和家长的情绪管理是直接影响着孩子的学习成绩的，这也是本章将重点放在情绪认识与调节上的原因。

在心理咨询机构的临床实践中，可以发现从初中开始，学生的休学概率会比小学的孩子高出很多，这种休学现象的产生是什么原因呢？在进入初中之后，孩子的生理和心智都得到了成长，他们开始有力量来表达自己了，如果最终做出了休学的决定，那么说明在休学前很长一段时间，他们就已经对现阶段呈现出不满的状态，但是由于自我表达的力量不够强大，所以一直把这种情绪压抑在内心，不敢向老师和家长说明，所以当他们最终能够提出“休学”这个要求的时候，其实是他们心理力量爆发的表现，因为问题一旦存在，就必定有爆发的一天。这样的孩子如果在初中的时候不表露出来自己的想法，到了高中就有爆发的可能，如果在高中没有爆发，那么潜伏到大学也会最终发作，不管高中或者大学进入了多么理想的学校，在初中时的负面思维一直存在，他们还是会持有“退学”的念头，因为这个念头始终被压抑着，而没有被化解。问题出现得越早，被解决的可能性就越大，因为孩子在年纪越小的时候，可塑性也越强。

那么在问题的初始阶段，孩子的退学想法究竟是怎样出现的？又或者，家长创造了怎样一种家庭氛围，让孩子一直压抑着自己的内心而无法表达出来呢？事实上，孩子出现这种对学校、学习的厌恶问题，在各种层面上与五种原因有关。其一是孩子本身和父母的亲子关系；其二是孩子的父亲和母亲之间的夫妻关系；其三是孩子与老师的关系；其四是孩子与同学、朋友的关系；其五是出现问题的孩子在内心与自我的协调，也就是他和自己的关系。这五层关系都在各自的层面影响着一个孩子，影响着他的心理和情绪，但这五种关系不是平行的，而是递进的。

也就是说，在上学期间，孩子与父母的关系是最重要的影响因素，可以说这层关系是所有关系的根源，一旦亲子关系没有处理好，一个孩子的所有社会关系就会从根源开始出现问题，如果把学习生活甚至是人生比作一棵树，那么不良的亲子关系就相当于不牢固的树根，它会让这棵小树陷入倾倒的危机里。

从现实例子中看，许许多多没有选择退学或者休学的孩子，他们在学校跟老师或者同学的关系不一定就处在非常良好的状态中。他们的老师也许也对他们很严厉，这些孩子同样会产生对老师的不满，但是这种不满并不会最终导致他们选择以休学来逃避这段关系。而有些孩子，由于他们与父母的关系本就不牢固，所以一旦在这个基础上再出现和老师或者同学的矛盾，摇摇欲坠的社会关系网就会倒塌，最终会引起孩子的逃避心理，导致退学或者休学的结果。

除了亲子关系之外，父母之间的夫妻关系也是影响孩子人格形成与情绪体验的重要因素之一。根据心理学临床研究，每个孩子的人格中都存在着“父亲我”和“母亲我”两个对立的部分，而这两部分在孩子的自我形成过程中会呈现冲突对立趋势，因此导致孩子产生紧张、愤怒的情绪体验，纠结于两种对立成分的斗争中，不能做出正确的选择，最终精力损耗巨大。父母之间的夫妻关系对孩子有着非常大的影响，如果父母的关系好，那么孩子与自己和谐相处的可能性也会很高，因为在他的自我中有两个“我”，一个是“父亲我”，一个“母亲我”，当现实中孩子的父亲和母亲关系和睦的时候，在他的精神世界里，那么这两个“我”也能够做到和谐相处，但如果夫妻关系不好，孩子内心世界里的两个“我”就会不断产生矛盾，使孩子的精神长期处于消耗的状态中。

以上这种种关系都影响着孩子的情绪，关系处理不好，就会导致负面情绪的出现，而个体对于负面情绪的本能逃避又会导致一种结果，就是对学校和家庭的抵触心理，孩子会对所有的社会关系感到失望，不想上学，甚至离家出走。

二、家长的消极情绪及其影响

在了解了社会关系对于孩子情绪的影响和负面情绪有可能导致的消极后果之后，家长应该对自己的情绪调节这个主题有了更清晰的认识。要掌控情绪，成为随时能够将情绪调节到最佳状态的人，首先要明白情绪的本质内涵。情绪分为积极情绪和消极情绪两种，其中积极情绪包括喜悦、感动、兴趣、希望、自豪、激励、敬佩和爱。积极情绪是一种正向的力量，它是不需要个体去主动调节的。在谈到“调节”这个词时，最主要的对象是消极情绪，而消极情绪指的是什么呢？它是指在某种具体行为中，由外因或者内因影响而产生的，不利于个体继续完成工作或者正常思考的情感，它是一种消耗的状态，是非常消耗个体能量的。消极情绪包括焦虑、愤怒、烦躁、内疚，这些情绪都是在考生的家长身上容易出现的，除此之外，还有羞耻、紧张、忧愁、悲伤、痛苦、恐惧、憎恨。其中对于高考生家长影响最大的就是焦虑，不光是处在这个特殊阶段的家长，放眼整个社会来看，几乎所有的家长都在体验着一种“育儿焦虑”，所以本章节首先要解决的问题就是焦虑。

1. 焦虑的内部原因

焦虑的来源是多重的，首先它具有对未来的指向性，蕴含着高期待和不可预见性。焦虑是对亲人或者自己生命安全、前途命运等的过度担心而产生的一种烦躁情绪。从定义来看，焦虑产生的第一步就是期待，而对这种期待的把握程度则决定了焦虑的程度。如果能够确定自己的期待一定会实现，那么焦虑程度就会降低，反之则会升高。

假如一对父母怀抱着孩子能够考上当地最好的高中这样一种期待，虽然父母二人的期待是相同的，但因此产生的焦虑程度却不同，因为父亲认为以孩子的智力水平和目前的成绩水平，要考上该高中是非常困难的，所以不停地为提高孩子成绩做着一系列努力，比如为他报名费用昂贵的补习班，从这些行动中就可以看出他的焦虑水平之高。可孩子的母亲却持相反的想法，她认为以儿子的能力是一定能够考上该高中的，根本就不需要付诸类似补习这样的额外努力。因此，父母二人同样怀着孩子要考上最好高中的期待，但是他们的焦虑程度却是不一样的，他们的生活状态也完全不同。孩子每次考完试之后，父亲都会特别的紧张，如果看到孩子考试成绩不好的话就会感到很失落，而母亲正好相反，轻松地和孩子一起享受着初中生活。

从这个例子可以看出，高期待和高焦虑没有必然联系，决定焦虑水平的直接因素是个体对完成该期望的自信程度。焦虑实际上是一种自我的主观感觉，育儿焦虑与以下两点有关：第一点是期待，第二点是对完成期待的自信程度。在陪伴孩子备战高考期间，家长的育儿焦虑会达到顶峰，经常会把“昨晚睡得好不好？”“考试有没有把握？”“知识点记住了没有？”等疑问挂在口中。当孩子表达出即将面临考试的紧张心情时，有些家长还会脱口而出：“谁让你平时不好好学习？”这其实是非常常见的一句话，很多家长都曾有意或无意地说过，但是很少有人会换位思考孩子当下的感受。设身处地想一想，孩子如果听到这句话，心里会是什么感觉呢？遭到父母的不信任时，孩子的第一反应可能是愤怒，接下来冒出来的情绪则有可能是惭愧和内疚，他的心里可能会产生一种自责感，因为父母指责他平时没有好好学习，潜移默化中让他产生对自己的怀疑：“我可能是真的没有好好学习吧。”愤怒和愧疚都属于消极情绪，都会对孩子的心理能量产生消耗。有的父母这个时候可能会回应，说:“不用紧张，放轻松，你一定会考出好成绩的。”但事实上这种话语并不能消除孩子的压力，因为这是一种敷衍式的回应，是为了体贴而体贴。这个时候父母真正应该表达的是一种理解，告诉孩子：“你看上去有点发愁，是吧？担心这次考试考不好，你现在是不是特别希望现在考试已经结束了，而且考出了好成绩？”这段话并没有回应孩子的紧张，但是却设身处地把自己放在了孩子的位置上去体会他的感觉，而孩子也能感受到父母的用心，从而体会到父母给予的爱和温暖。因此，他本来集中在紧张感上的注意力就会被转移，这样一种换位思考的技术在心理学上被称为共情。

其实，很多时候父母并不需要刻意地去帮助孩子解决他的问题，只要当对方感受到你的情感的时候，问题就解决了一半，为什么呢？因为这个时候孩子的注意力已经从问题转移到了情感之上，这也就是倾听技术的功效了。在心理咨询的问诊策略中，倾听包含了四个部分——澄清、情感、反应和总结。很多时候只是认真地倾听对方，给予适当的情感回应，最后再总结陈词一番，这段对话就是高效的。

所以父母如果想要减轻孩子的紧张情绪，在谈话时就应该尽量避免谈论与高考有关的话题，嘴上说着“不要紧张”实际上会产生强化的暗示作用，反而加剧孩子的紧张心理。还有一些为了陪伴孩子备考而专门辞职的家长，如果没有得到孩子的同意，那么就要明白自己的这种行为不但不会有利于孩子的学习，而且会起到反作用，加重孩子的愧疚感，而且孩子还会陷入更严重的焦虑中，觉得自己不是为了自己在努力，而是为了不辜负父母的期望所以不得不努力。还有那些在备考期间反反复复出现的问题，比如说“昨晚你睡得好吗？”这些看上去是在关心孩子，但实际上只会让孩子觉得连睡觉都是为了父母而睡的，如果睡不好，似乎就愧对了父母的关心一般。

总而言之，父母的焦虑情绪不论是高是低，孩子都一定能够感受到。在这个最后冲刺的特殊时期，孩子本身承受的焦虑水平已经很高，如果再叠加上父母施予的焦虑，那么孩子的心态就很有可能全线崩盘。因此，父母需要格外注意自己的言行，不要轻易释放自己的负面情绪，在这个时候只要表现出自己的爱，告诉孩子自己是能够体会他现在的心情的，展现共情心就可以了，让孩子把集中在考试压力上的注意力转移到父母给予的爱和温暖上。在准备高考的期间，父母应将和孩子交谈的话题控制在高考以外，聊一聊在单位听来的笑话，说一说最近娱乐新闻上有趣的信息，尽量让孩子感觉到放松愉快，用实际行动来减轻他们的压力，而不是一直口头强调不要紧张。父母如果能够做到先把自己的注意力从高考这件事上转移出去，那么孩子发现爸爸妈妈面对高考的态度都是轻松的，那么他本人自然也会放松下来。

孩子焦虑的内部原因是期待感和不能完成期待的消极预期，但它的存在不仅受内部原因的影响，还有一些是来自外部的原因，比如说学校的排名，还有类似高考倒计时的每日提醒，这些直观的数字本身是校方为了时刻提醒学生不要懈怠而设立的，它也许确实能够起到激励作用，但毫无疑问，它也会增加学生和家长的压力与紧迫感。还有一些学校甚至会建立家长群，实时在群里公示孩子的学习状况，而每当家长看到这些信息时，紧张情绪都会直线上升，如果某次考试孩子的成绩并不理想，家长的担忧程度也会跟着加深，而孩子也同样会更加焦虑，甚至自责，开始怀疑自己这段时间的学习状况。这种对自身学习能力的不信任感，在高考备考过程中有时是致命的，它会打消学生的自信心，让备考效率飞速下降，最终不能用最好的状态来面对高考。

除了学校，家长的焦虑还有可能来自自己的另一半。有的家庭中，父母中的一方本身是不焦虑的，但由于自己的妻子或是丈夫焦虑水平非常高，传递出一种“焦虑才是负责任”的错误思想，导致另一方的焦虑水平也骤然提升。还有一些焦虑源，出自孩子的朋友的父母，因为每次考试结束之后，同学之间免不了互问成绩，如果父母也参与进来，就会不自觉产生攀比，只要有攀比就会有优势一方和弱势一方，弱势一方从这种攀比中接收到的焦虑也是非常强烈的。

2. 解决焦虑问题的方法

焦虑的原因是多种多样的，有内因也有外因，其中的外因是很难依照个人想法改变的，要想解决自身的焦虑，还是要从主观内因下手。针对家长焦虑的内部原因可以从这三个方面下手。

第一是降低自己的期待，或者说让期待更合理。事实上，高考本身是孩子的私人事务，但是由于家长普遍都在孩子身上寄托了自己的理想，所以如果降低期待，就相当于让自己的理想打了折扣，这个时候唯有爱能够抵消这种落差。一旦父母意识到自己对孩子的爱，他们对孩子强制性的要求就会越来越少。在父母心里，如果孩子的快乐是最重要的事，那么对孩子高考的硬性期待就会降低，而当孩子感受到这份爱时，又会产生一种积极作用，要求降低了，孩子反而会更加努力。因为之前的努力是在父母的威逼下不得不努力，而现在的努力却全然是为了自己，这样的努力就更有价值感了，孩子会更愿意为这份价值感而努力。所以这就是父母降低期待的一个方法——提升对孩子的爱的能力，只有真正地提升了这种爱的能力，才能让自己的焦虑程度降下去。

第二是提高对孩子的信任。如果家长在潜意识里相信孩子一定能完成这个目标，那么焦虑自然而然会减少，而且这种相信也有积极的暗示作用。心理咨询界存在一种焦点解决治疗技术，这种咨询技术用时是相对比较短的，它在运用的过程中有一种问句叫作奇迹问句，咨询师会询问来访者（家长）：“假如你的孩子现在已经考完试考了高分，你觉得这时发生了怎样的事情？”这就是奇迹问句，千万不要小看这些问句，它们确实能起到积极的治疗作用。还有例外问句，比如：你在什么时候觉得孩子一定能考上这样的大学？那个时候发生了怎样的事情？也就是找出例外，寻找自信。这两种方法都是心理咨询时咨询师常用的治疗技术，如果将经历着备考阶段焦虑的家长看作来访者，为了减少他们的内部焦虑，可以采取的两个方法一个是降低期待，另一个则是寻找自信。

第三是提高对自己的满意度。父母可以这样思考，在解决焦虑的过程中，为何一定要让孩子完成家长本人的目标？是不是家长对自己还不够满意，所以才需要孩子来完成目标，来增加对其本人的满意度？很多时候家长想让孩子成为他们的理想自我，当他们不能完成自己的理想的时候，孩子就成了他们完成理想的工具。这种对孩子要求高的人，不管他们自己优秀与否，不管他们的社会地位的高低，心底都希望孩子能够很优秀。因为即使他们的社会地位再高，他们的人生其他部分再完美，却仍然怀有一种自卑感，对自己的满意度始终是较低的，他们需要孩子来提升自己的满意度。所以对于这一部分人群，就可以从提升自我满意度入手。可以说越自卑的人，对孩子的要求越高，他们总希望孩子能帮助他们超越自卑。而相对地，另一些人的社会地位一般，甚至社会地位比较低，但他们对孩子却不会有过于苛刻的要求，因为他们对自己是满意的，所以不需要孩子来帮助自己提升自我满意度。这部分家长能和自己和谐相处，所以也能和自己的孩子和谐相处。父母如果不产出消极情绪来影响孩子，这种情况下的孩子反而更容易考出好成绩。

3. 分离焦虑概述

在“焦虑”的范围里，还存在着“分离焦虑”的情况。对于高考生的家长，分离焦虑也是切实需要面对的，不同的人面对分离有不同的反应，有的家长的分离焦虑程度高，在孩子已经有了独立生活能力时，仍然认为孩子不能独立，觉得分离会对亲子双方都带来不适。在面对分离的时候，不同的孩子也会产生不同的结果，有的孩子巴不得快点离开父母，而有的孩子却对这样的分离感到很伤感，这与什么有关呢？分离焦虑事实上是与依恋类型息息相关的，依恋理论之父鲍尔比将依恋类型分为如下三种。

第一种是安全型。安全型依恋的孩子离开父母的时候会感到些许轻微的不适，但相聚的时候仍然会很开心。因为安全型的孩子能体会到父母的感受，与此同时父母也能体会到孩子的感受。正如前文所述，减少焦虑的方法之一就是共情，如果亲子之间能够共情，那么对于孩子这段关系它就是安全的。从小到大，如果父母一直能体会到孩子的感受，那么孩子就很容易成长为一个安全型依恋的孩子，这种孩子拥有更高的自尊，情绪状态健康，自我复原力强，主动性强，社交能力强，学习注意力集中。

第二种是回避型。回避型依恋的孩子离开父母的时候并不感到难受，但是这种不难受是一种假性的不难受。在鲍尔比的著作中描述了回避型依恋的婴儿离开父母的时候看上去并不难受，但他们的心跳却是加速的，表明这其实是一种防御性的适应。因为回避型的孩子在父母那里一直得不到情感上的满足，他已经习惯了这种感觉。回避型的孩子看上去经常会闷闷不乐，表现出傲慢或者是对抗的态度，容易引发别人的愤怒。

第三种是矛盾型。矛盾型的孩子一边觉得父母很危险，一边又觉得只能跟父母在一起。所以这一部分孩子在内心深处常常体会着矛盾的痛苦。

无论是哪种依恋类型的孩子或家长，在面临分离时往往不可避免地都会遇到程度不同的焦虑。备战高考是一个艰难的过程，焦虑情绪是这其中不得不跨越的坎，合理认知，而后才是正确处理，家长将焦虑情绪摆脱后，才能更好、更高效地陪伴孩子投身于高考复习中，并一起创造辉煌。

第六章
考试焦虑成因分析

考试焦虑，是指在考试的情境下，受到考生认知、评价能力、人格特质、人际关系等一系列身心因素的制约，以担忧为基本特征，以防御或逃避为行为方式，通过不同的情绪性反应所表现出来的一种心理状态。考试焦虑的本质就是考生的一种心理状态，而这种心理状态受考生的认知评价能力的影响。

十年寒窗苦读，高考可以说是莘莘学子一生中最重要的考试之一，因为它的重要性和特殊性，所以很多考生面对高考都有一种畏惧心理，而且极其容易怯场，也容易产生焦虑。为了避免在进入考场之前，考生就已经焦虑得食不下咽，甚至出现在考场上因为焦虑而影响发挥的情况。我们有必要进行一些考试焦虑成因的分析。

经过各方面的研究和了解，我们发现考试焦虑导致考生发挥不好的情况是很常见的，也就是说每一个考生多多少少都会经历考试焦虑，比如说最常见的事例就是考生在考场上，突然回想不起来某道题目的具体解法，但是在考试结束之后又想了起来，这就是典型的考试焦虑造成的考试发挥失常。

当然这只是非常严重的情况，大多数考生属于轻度焦虑，不过也有很多考生因为考试焦虑而导致出现各方面的问题。为了应对考试焦虑的问题，首先我们要正确地认识它，认识它之后我们就会了解，了解就能理解，理解就能接纳，接纳就能驾驭，就能对它有办法。很多时候人们认为未知会产生焦虑，无知会产生错乱的行为，人们面对未知的某事时，只有了解它，才能去把握它，去驾驭它。

一、何为考试焦虑

考试焦虑，是指在考试的情境下，受到考生认知、评价能力、人格特质、人际关系等一系列身心因素的制约，以担忧为基本特征，以防御或逃避为行为方式，通过不同的情绪性反应所表现出来的一种心理状态。考试焦虑的本质就是考生的一种心理状态，而这种心理状态受考生的认知评价能力影响。举例来说，如果一个考生的心智比较成熟，心理素质比较好，对事物评价比较客观，那么他的心理状态就偏向于积极和乐观，就不会过多地受到考试焦虑的影响。如果某个考生个性比较健康，没有偏激、自卑、自大的心理状况，那么这个考生往往就能够在面临考试的时候，不会过多地受到焦虑情绪的制约。人际关系也在克服考试焦虑的过程中非常重要，如果考生与父母的亲子关系和谐，他在心理上就会感觉自己是有依靠的，是安全的。与周边的人际关系的优劣也会影响考生的焦虑水平，比如和老师、同学、朋友的关系，都是重大的影响因素。总的来说，影响考生焦虑水平的是考生自己的判断认知能力、他的人格个性特征，以及他的人际关系水平。

那么这其中的运作机理是怎样的呢？如果一位考生的人际关系不良，他就会更担心别人怎么看待自己，他在人群中就会显得不自然，要么产生偏激心理，要么形成逃避心理。那么当大家都看重考试这件事情的时候，他就会因为考试这件事情而产生比别人更多的焦虑，由此就能看出他同时受到各个方面的制约和影响。

1. 考试焦虑分析

在考试焦虑的分析过程中有以下几个关键词。

（1）防御

人在面临压力或者焦虑的时候，自我防御机制就会自行启动。每个考生采取的防御手段都不一样，最常见的一种手段就是酸葡萄心理。比如别人考得很好，自己考得不好时，就理所当然地认定是老师偏爱对方而并非自己，这种想法表面上看起来合理，但合理的背后却是

“吃不到葡萄说葡萄酸”的防御心理，这种想法能稍微缓解自己承担的压力。就像很多时候当我们无法完成一些事情时，就会找一些看似很合理的借口，把压力也一起避重就轻地给防御掉。

（2）逃避

当老师或者家长想要和考生进行一场谈话时，考生当即拒绝，假借自己待会儿还有某事要去完成的借口而逃之夭夭。他拒绝思考和谈论某些让他感到焦虑或者负担的问题，这其实就是一种逃避。逃避是植根于人性的一种一般行为，人的生理基础决定了它，人类在进化过程中发展出一种强大的基因模式，当我们无法面对外部的压力的时候，我们的大脑会主动关闭一些功能，可能是想象力，可能是记忆，可能是创造力。当人把这些神经功能关闭掉的时候，就会出现章首提到的问题——原本会做的题在考场上突然忘记了正确答案，就是因为过分的焦虑使大脑某一部分功能暂停了。

这就说明人的生理本能是非常强大，大脑存有自我逃避的功能，这是一种自我保护的本能，它会在压力过大时自动“跳闸”，就不至于崩溃。所以考生在考试中发挥不好，过后又突然想起了不会做的题，其实就是大脑“跳闸”现象。高考前夕高中生最常见的逃避方法就是找后路，比如一个正在备战高考的考生说：“如果我考不好，我就复读。”复读看似是合理的一条出路，但背后的真相却是孩子的一种逃避行为，因为他内心被一种巨大而无形的压力压迫，他不想面对这种压力，他必须装出轻松的假象，他不想被同学、父母、老师看轻，所以他就每天装作若无其事的样子，但其实他已经在心里给自己留了一条后路。

这种留后路的逃避行为最大的弊端，可能带来严重的后果。有后路的人往往不会在当前的情况下全力以赴，如果某个高考备考生已经把复读当作后路，那么面对眼前的高考，他就会过早地卸下重负，在高考中也不会发挥出最佳水平。但这时如果家长强硬地表示不允许孩子复读，断了他这条后路，有些孩子的承受能力不强，又有可能会当场崩溃，所以这个时候的家长一定要和孩子做一次彻底的谈话，告诉他这一次一定要全力以赴地面对，所谓尽人事，听天命，高考都没尽力，就想着复读，这样是不行的。

（3）其他情绪

考试焦虑是孩子们面对一些他们无法预料到的、无法面对的情境的时候感受到了压力，开始采取的一些行为都是情绪性的。所以因为考试而产生的焦虑可能会转变成委屈，也可能会转变成悲伤，还可能会转变成犹豫，更可能会转变成愤怒。

但是父母往往不知道，孩子这个时候的委屈、愤怒、恐惧，甚至若无其事，其实背后都是一种由于焦虑而产生的复合情绪，只是通过不同的样态表现了出来。如果父母能够理解这一点，就能更加接纳孩子的一切。备考的这段时间对孩子来说是一段非正常时期，面临高考的考生在这个时期就相当于站在独木桥上，所以我们称之为非正常时期。人站在独木桥上时会产生一些本能反应，比如惊恐和惧怕，这时候在桥下的人就不应该再取笑他。因此，作为父母应该理解孩子处在非正常时期时，他所表现出来的这些情绪都是正常的，也是正常反应，这样，父母在和孩子日常相处时，在分析与处理孩子的考试焦虑时，就不会出现更多的偏差。

情绪是人类长期进化而形成的一种本能，是对外部刺激的回应。作为父母，不要先入为主地认为某种情绪是不好的，情绪本身没有好坏之分。比如当人感觉到危险时就会恐惧，察觉到有大事将要发生时就会焦虑，对某件事情有忧虑时就会有担忧，感觉到自己可能将要被侵犯时就会愤怒。这样，父母就能理解孩子在高考期间所表现出来的任何情绪，都是正常的而且是本能化的反应，不必小题大做，应该接纳孩子的情绪。

2. 焦虑水平的倒 U 形曲线

合理的焦虑是实现目标的保障。焦虑水平和表现水平的关系呈现一条倒 U 形曲线，也就是说焦虑在比较低的时候，人的表现水平一般，甚至很差，而当焦虑达到顶点，也就是倒 U 形曲线的顶端时，人的表现水平也达到了最高值。也就是说，全然没有焦虑是不行的，焦虑达到一定的水平后人的办事效率也会提高。所以，如果在高考备考期间考生表现得非常轻松，要么他是故作轻松，要么他承受的焦虑水平恰好是在他能够承受，又可以使他发挥出最高水平的状态区间里。如果考生一点焦虑都没有，那么他不会发挥出好的成绩，但如果他的焦虑越过最高点，开始往倒 U 形曲线右边的下降曲线走，说明他的焦虑水平过了头，他每天都处在极度的焦虑中，每天都想着考不好怎么办，这时他的表现能力也会开始骤降。

焦虑水平达到一定值时，我们会产生这种感受：极度焦虑时，我们什么事都做不好，一整天都深陷在焦虑之中，都在紧张，都在担忧，但是到这天结束，却发现最终什么都没有解决。所以全然不焦虑和焦虑过头都是不可取的，如果一点儿焦虑都没有就要提高焦虑，如果焦虑过高就要设法减少焦虑，这就是焦虑的倒 U 形曲线的规律。

然而，每个孩子的焦虑承受能力程度不一样，这跟他们的人格特质、评估、认知、人际关系水平都有关。事实上，有的孩子能承受 80 分的焦虑，所以他在 80 分的时候发挥得最好；有的孩子能承受 60 分的焦虑，所以他在 60 分的时候发挥得最好。如果说某考生只能承受 40 分的焦虑，但是父母和外界给他施加的焦虑增加到了 60 分，那么这个孩子的发挥就会受影响，因为他的焦虑已经越过倒 U 形曲线的最高点，发挥水平就低了。父母一定要细心观察孩子能够承受焦虑的水平和当下压力的水平，具体问题具体分析。

倒 U 形曲线在成年人身上也同样适用。如果某人能承受 80 分的焦虑，他可以将 80 分的事情完成得很好；如果他只承受 40 分的焦虑，那么他就只能量力而为做 40 分的事情。每个人的成功、成就和取得的成果都与他能够承受多大的压力及焦虑到达哪个分值时发挥得最好直接相关。抗压能力强的人更有可能获得成功，所以焦虑曲线对成年人来说也是值得借鉴和思考的。

父母的行为作为外部环境和刺激的一部分，是影响孩子焦虑水平的重要因素，因此它时时需要被优化。根据国内外对高三学生的调查和研究可以得知，父母的行为直接影响了孩子考试焦虑的水平，是最主要的影响之一。中国的孩子呈现出更愿意回应父母期待的趋势，尽管他们有些装得若无其事，有些选择逃避，有些表现出抗拒，但事实上他们已然在回应。

父母在与孩子相处的过程中，有些行为是不应该的，有些行为过了火，有些行为的方式不恰当，以上情况都是需要调整、需要被优化的。如果父母意识到了有些方式是不恰当的，那么就应该考虑方法的问题，如果知道自己越了线，就要相应地减少次数。心理学上有一种现象叫超限效应，如果某事超过了限制，就会对人的心理产生负面影响。

二、影响考试焦虑的因素

影响考试焦虑的因素主要有以下几种。

1. 亲子关系

亲子关系是第一影响要素，亲子关系不佳是导致孩子出现各类问题最重要的根源，养育方式也是其中一个要点，父母的价值观也就是父母的意识水平与亲子关系息息相关。有的父母认为小孩就是要打要管教，有的父母认为放松就好，其实父母的价值观已经决定了孩子的考试焦虑程度，因为父母的价值观背后潜藏着的其实是父母的期待值，承受着不同高度的期待，孩子的焦虑分数也不一样。

2. 孩子的个性特质

自卑的孩子焦虑水平会更高，性格过于争强好胜的孩子焦虑水平也过高。在个性层面的气质类型上，如果一个人属于外向型，那么他更愿意向外界表达自己，所以他的压力就能够在一定程度上得到缓解，焦虑水平也就比较低。在个性特质影响考试焦虑的相关关系里，有一个很重要的中介因素，就是不同的考生将高考这一次考试赋予的不同意义。

当人赋予某事的意义越大的时候，焦虑水平就会相应地增高。如果考生认为高考是决定人生的非常重要的一次考试，一旦错过就无法重来，那么他对于这仅有一次的机会就会非常看重，这种重视会让他的压力骤增。如果考生能够轻松面对，认为高考和其他无数次考试没有多大区别，那么他们上考场时的心态是轻松的，发挥自然也会更高效。所以在这个过程中，父母不应当再三强调高考的重要性，促使考生为它赋予过大的意义，因为这样只会徒增压力。

3. 社会支持

社会支持是指考生能从自己身处的社会环境里感受到多少爱和支撑，如果某位考生置身于这样一种环境里：大家都很爱他，都很接受他，对他很喜爱，无论他怎样都可以接纳，那么这个考生的考试焦虑就会相对较低。也就是说，有的父母会给孩子传输这样一种观念，“无论你是什么样子我们都爱你”，而有的父母却强迫孩子拿出好成绩来交换他们的爱。这两种情况下，第一个家庭中的孩子得到的社会支持水平会远远高于第二个家庭中的孩子。那些真正爱孩子的父母，他们提供的社会支持系统更加强大，孩子有一种“我无论怎样我的父母都是真正爱我的”的坚定信念，因此他的考试焦虑低，能够克服焦虑，在考场上正常发挥，甚至会超常发挥。

4. 考生的认知模式

现实生活常常会出现这样的情境，某人在做某事之前，预感到别人可能对自己做出负面评价，因为已经有了这种认知，他的焦虑水平就会骤升，于是在真正面临需要去完成的那件事时，就无法正常发挥。同理，那些高考前容易产生焦虑的孩子，他们之中有相当一部分人随时都感觉身边的人会对自己做出负面评价，他们的认知模式会先入为主地使他们陷入悲观的揣测之中。在这个过程中，家长的行为至关重要，如果父母表现出的行为传递出一种消极信号，那么就有可能使孩子产生悲观的想法，孩子觉得有人会对他们做出负面评价。当孩子认为某种情境具有评价性时，他们就会以自己的认知去应对情境。也就是说当他们觉得现在的表现会被别人评价，那么他们就会自以为是地按照自己的认知去猜测别人是怎么评价的。所以在备考期间，哪怕父母从来没有口头表述过，但只要他们心里是存在某种评价的，甚至是有焦虑的，孩子都能感觉得到，而这种认知会使孩子表现欠佳。他们常常会在认为自己正在被别人评价，如果一直是这样，他们的表现就会受到巨大的影响。

此外，如果考生对自己的要求高，他们可能会害怕让父母和其他家庭成员失望，而导致考试焦虑的产生。孩子总是害怕自己的不佳表现会让家庭成员失望从而疏远自己，没有哪个孩子不渴望被父母认可，即使有时他假装不在乎，但事实上他心里是非常在乎的。

因此父母要注意，在即将考试的这段时间里，对孩子的期待要踩“刹车”，因为每个孩子骨子里都很在意考试，非常在意父母的感受，父母如果再继续踩“油门”而不是踩“刹车”，那么这种行为就会让孩子产生过度的考试焦虑，过度的考试焦虑只会降低他的成绩，增加他的负担。

5. 考生身边的人对他们的焦虑产生的误解

考生因为焦虑会表现出很多行为，但这些行为却往往不能被父母理解，有时甚至还会被误解。比如父母发现孩子备考期间不紧张，然后误解了他，觉得他过于若无其事，所以父母比孩子更加焦虑，而且还要打压他，要把自己的焦虑传递给他。但事实上，这个孩子是故意装作若无其事，目的在给自己内心减压，但是因为父母误解他，反而给他增加紧张感，本来若无其事是他的一种应对策略，一种调整，是缓兵之计，结果被父母的强加压力搞砸了。

所以父母不要误判孩子的焦虑行为，对他造成更多的不良干扰。父母首先要相信自己的孩子，每个孩子都有向上的意愿，都有成功的渴望，只要他能够做到，就一定会在高考中全力以赴。

6. 父母的行为

父母的责备、唠叨，甚至打骂都是挫伤孩子锐气的强力武器，有的父母长期处在不信任孩子的状态中，总是疑神疑鬼地觉得孩子在学校没有好好学习，回到家又把自己关在卧室里不知道在鼓捣些什么，于是跟孩子说话时的语气也带着莫名其妙的怒意，这样就会传达给孩子一种非常消极的信号。父母将自己的焦虑和压力过渡给孩子，使孩子陷入自我怀疑和自我贬低之中，亲子关系如履薄冰，家庭氛围冷淡。在这种环境下孩子的考试焦虑程度会非常高，而且这种焦虑还不能在与父母的沟通中得到缓解，日积月累，最后带到考场上去，在极度的压力下做题，最终发挥失常。

父母的限制、责备、不一致、过度保护、拒绝甚至表扬也能使孩子焦虑。这听起来有些相互矛盾，如果父母喜欢限制孩子，喜欢责备孩子，或者父母言行不一致，父亲和母亲说辞不一致，或者是过度保护孩子，都会使他们产生考试焦虑。但表扬既然属于一种正面鼓励，那又为什么会增加孩子的考试焦虑呢？因为表扬和鼓励实际上是不一样的，如果家长表扬自己的孩子，通常使用的语句是：你最棒，你一定会可以的，你一定行的。这些词句都非常空洞，没有明确的目标，也没有具体的根据，这种表扬恰恰会引起孩子的反感，有一种我怎么做都做不好的感觉。

父母很多时候的表扬是空洞的，而且具有引导性，表扬的目的是要达到一个确切的结果，表扬的基本语句暗示着孩子一定要完成某件具体事例，达到某个清晰的目标，才能收获他想要的东西，也就是父母的夸奖。为了得到这份爱和夸奖，他只能想尽办法去完成父母无形中提出的目标。而鼓励则不同，鼓励是父母在现有的基础上对孩子的一种支持。通常句式有：“儿子，我知道你正在努力，我也相信你的努力不会白费，我看好你，我们一起加油！”鼓励是不看目标的，而是更多地把赞赏的目标落在孩子已有的成就上，比如说孩子这一次在月考中拿到了 80 分的成绩，如果父母鼓励他，就应该说：“孩子，你真棒，这次又比上一次进步了 20 分。”这就让他觉得自己在这段时间内的努力是有效果的，从父母和他的互动中，他得到了正向激励。而表扬常常会带着一种目的性，背后有一种压力。同样是孩子考了 80 分，只知道表扬的父母会说：“孩子，你做得很好，下一次再接再厉，一定能上 90 分。”这样就无形中给孩子立下了一个 90 分的目标，孩子还没来得及为眼前的鼓励而开心，就已经开始为能否达到下一个目标而焦虑了。但鼓励不是这样，鼓励是真正的爱，很多父母表扬孩子时带着目的性，与此同时大多数父母不会正确地鼓励孩子，不知道该如何发自内心地认同和接纳孩子。

7. 考生害怕辜负父母的期望

一般来说，在高考的备考期间，父母自身也会承担一部分压力，家长之间的攀比，各方面的眼光，这样的压力都是存在的。老师们要顾及班级、年级、学校的升学率，还要面对来自家长的殷切期待，来自学生的信赖和指望，所以老师们的压力也非常大。但是在所有人中，压力最大的一定还是考生，他们有来自同学们之间的竞争压力，有父母不停唠叨的期待压力，有老师孜孜不倦的教导压力，而且这个年龄段的孩子正是自尊心最强的时期，他们不愿意被同龄人看扁。所以，一系列的压力都会使他们焦虑，这个时候父母就要帮助孩子减压，要踩“刹车”，要停止并改正所有的错误行为。

考生常常害怕辜负父母的期望，害怕父母因为他们而烦恼，害怕父母会指责他们，这些都是使自己焦虑和承受压力的重要来源，所以父母在对待孩子时要有一种真的人本主义的关怀。天下没有不爱父母的孩子，天下没有一个孩子不想当好孩子，他们都想被父母看见，都想被老师鼓励，都想被同学羡慕，都想让身边的人看见自己闪光的样子。

第七章 考前心态与考试技巧

高考是人生中一段重要的经历，也是人生中一个重要节点，但它不是考试的全部，也不是我们人生的全部。接下来我们人生中要面临的重大关卡还有很多，比如说考研、考公务员、各种各样的选拔、各种各样的面试，其实都像一次次考试，只要把你已经做的、能做的、应该做的做到了，就无怨无悔，只要把自己应有的水平和能力发挥出来了，你就是最棒的，就是最优秀的。

高考的脚步越来越近了，在即将面临人生这一重大关卡时，考前心态和考试技巧的相关问题是需要被重点关注的，在考试前夕，家长和孩子所处的状态都不同，有的人比较平静，有的人有一些着急，有的人开始学不进去，有的人有放松的感觉……无论什么样的心态都是当下自己所拥有的。然而考试前的心态问题不单是考生需要面对和处理的，家长也要调整自己的心态。因为在这段时间里父母始终陪伴在孩子身边，和孩子在一起生活起居，在一起交流互动，给予他们照顾和提醒。家长的一举一动都有可能影响到考生在考场上的发挥，有时候家长无心的一句话，都有可能在孩子的心里引起负面情绪，而这种情绪的问题，最终会影响他们的思维和状态。尤其是在临近高考的特殊时期，孩子的整体心理状态都比较脆弱，父母的某些无心之举都可能对他们造成严重打击，影响他们的考试状态和发挥。

在高考这个重要的关口，如何做好考前心态的调整，是考生和家长需要共同思考的一个问题，付诸全力，妥善而平稳地涉过这个情绪“深水区”。

一、家长自我管理中该做的五件事

要成为掌管自己情绪的主人公，家长必须要清晰认识的信条是“五要”和“五不要”。

1. 家长要做到情绪稳定

家长的情绪是否稳定对孩子的心态是否平和，有着极大的影响。从一般意义上来说，如果家长的心态比较平和，情绪比较稳定，那么相对而言，无论是从遗传基因来看，还是从长期互动的影响来看，他的孩子的心态也会平和乐观，情绪也比较稳定。如果某些家长的情绪波动很大，焦虑程度比较高，每天寝食难安，无形中就会影响到他们的孩子，造成孩子的情绪也跟着波动，如果已经临近高考，这种波动对考试发挥的结果几乎是毁灭性的。

那么父母究竟怎样才能保持自己的心态平和呢？有两个建议，其一是保持平常心，不把临近高考的时期当作特殊时期对待，无论是日常生活还是谈话交流中，平时是怎样跟孩子相处的，就沿袭平时的相处模式，不做特殊化处理，不要给予高考太多的关注，张口闭口都是考试相关的内容，平时家里的娱乐活动比如看电视、看电影也取消了，这样不会促进孩子的心理建设成型，反而会加重他们的负担，起到反效用，会让他们整天惶恐不安。其二是在考前或考中，家长们不要轻信风言风语，也不要主动去打听各种小道消息，例如今年考试是难是易的流言，其实都是不切实际的臆想，轻信这些信息除了让自己的情绪跟着波折起伏，对备考安排没有任何实际帮助，更无法给考场上的孩子任何实际支持。不要打听、传阅、讨论小道消息，安安稳稳地把自己平常该做的事情做好就可以了。

2. 家长要营造一个温馨的家庭氛围

家里的气氛怎么样，对孩子的影响是非常重要的。有的家庭塑造出一种凝重、严肃、紧张的氛围，这样就会让孩子长期生活在压抑的心境中，对考试的心态产生非常大的影响。而平和、稳定的家庭氛围，则让孩子在家里更自在、更自由，孩子在学习之余在沙发上躺一会儿，或者看一会儿电视，也不用担心受到父母的指责和压迫，因此有一个温馨的氛围是非常重要的。

如何营造温馨的氛围，也有几个小建议可供家长参考，但这些建议也要因地制宜，结合自己的实际去应用，结合家庭的情况、孩子的情况进行调整。

第一是父母和孩子谈话的时候尽量提出一些比较轻松愉快的话题，比如聊一些热点新闻，或者是孩子们平常关心的一些明星，最近的电视剧、球赛等，尽量少议论高考的事。

第二是家长讲话时要采取比较平和的语调和口吻，要尽量轻柔舒缓，不能太严肃，严肃的语调会使孩子心绪紧张，进而产生负面情绪。

第三是拒绝争吵。如果以往孩子和家长之间有矛盾、有冲突，在备考高考期间父母则需要主动压制自己的怒意和火气，而且不仅仅是父母和孩子，父亲和母亲之间也要尽量避免争吵，因为父母的争吵会给孩子传递不好的信号，让他心绪低落，最终影响发挥。如果父母二人在某事上真有一些看法不同的话，先搁置，甚至可以分开几天彼此冷静一下，在考试结束之后再着手解决。良好的家庭环境是一个稳态的环境，不能容忍过多的打扰。

如果在考试期间，有一些亲戚、老师、好友、同学都比较关心孩子的高考，可能会带来一些祝福和询问，父母应对这种情况时要尽快解决，或者要求来访者事先告知，否则不停地造访和关心会打乱一个家庭原本的生活节奏。

第四是饮食和住宿方面。在饮食上，原则就是孩子平常吃什么高考期间也吃什么，不要突然改成大鱼大肉，或者是原本孩子只能吃两个菜，高考这几天一下子变成六七个菜，孩子根本无法全部吃完。事实上，对饮食的这种大幅度的调整和变化，会给考生造成很大影响，而且并非正面的影响，无论是肠胃上还是心理上，都会给他们增加一定的负担。除了饮食，住宿也是一个重要方面。因为有些地区的考生参加高考时，考场不是在他们学习的地方，而是需要到其他一些重点中学去考，这就要求考生在考试的那几天需要选择旅馆住宿。骤然改变的住宿环境极有可能会影响孩子的心境，这时父母就要帮助他们适应这个环境，要提前去熟悉旅馆的位置和陈设，检查旅馆里必备的生活用品是否齐全，卫生是否达标，床品是否舒适干净，尽量早一点带孩子住进来熟悉环境，而不是一味地追求昂贵的奢华酒店。酒店住宿时重点还是居住场所是否舒适，只要孩子能适应那个环境，能得到与在家时一致的舒适度即可。

3. 家长要注意沟通中的语言艺术

首先，在高考临近时期，有几句话是要切记不能在和孩子互动时偷溜出口的，比如，“不要马虎，好好考，不要丢分”“去考场要早点去，不要慌慌张张，不要早交卷子，铃响了你再交”“看好题，别看错了，别漏题”。这些话表面上看似是在提醒孩子不要出现错误，但实际上每一句都是负面的、否定的，父母仿佛在无形中表达出自己不相信孩子能够做好，而且也让孩子在不知不觉中开始担忧“我会不会马虎，会不会迟到，会不会看错题”，这样的忧虑如果过重，在考场上就极其容易成真。所以父母在这几天少说这样的话，多说一些积极、正向的词，比如“只要尽力就好”“这一天你的状态不错”“看你还能学进去，表现挺好的”。尤其是在考试的前一天或考试的当天，那些不必要的提醒，孩子们一听就会心烦。

其次，对高考不议论，尽量少提及高考。

再次，不要设立门槛和条件来激励孩子，很多家长都喜欢采取奖励政策，但事实上用物质来刺激孩子是很不健康的，这样的奖励都是有条件的，孩子为了得到理想中的奖品，会给自己设下过高的目标，把某个学校当成自己必达的使命，但实际上这已经跟高考的本意相背离了。当然父母更不能威胁孩子，比如告诉孩子如果考不上就必须去复读，或者如果考不上父母就会非常失望。为了得到父母的支持，孩子承受了巨大的心理压力，这种压力会一直持续到他们走进高考考场，最终影响考试的结果。

最后，拒绝差异化对待，只要保证孩子看到家长积极的一面即可，不要在考试前夕和孩子争论，不要因为饮食、住宿问题以及还未到来的志愿填报问题，和孩子争得面红耳赤。多跟孩子灌输正面思想，用脚踏实地的话语鼓励他，告诉他现在的状态不错，只要继续保持下去就可以了。

4. 家长要确保孩子身体健康

高考的准备是一个长时间的备战过程，在这场长期攻坚战里，如果前面 99% 的旅程都已经走完，只剩下最后 1% 的时候突然病倒了，那就太得不偿失了。因为高考备考本就会给考生带来极大的压力，如果饮食或者其他日常行程中有些突然因素，孩子生病了，可能会着凉、发烧、胃肠炎、头疼等，所以在考试前夕，家长作为后勤部部长，就要确保孩子的身体健康。如果孩子正好在高考前生病了，就很可能要带病上考场，那毫无疑问会影响最后的考试结果。父母虽然要细心照料孩子，但也不必草木皆兵，因为怕生病而禁止孩子的一切活动，完全没有必要。只要把饮食这方面做好，保证孩子的身体健康，休息正常，睡眠正常，提醒孩子多喝水，室内多通风即可。父母准备的饮食要均衡，多一些水果和蔬菜，少一些大鱼大肉，注意提醒孩子少喝一些咖啡和碳酸饮料，因为它们含有容易导致兴奋的成分，会影响孩子的睡眠。做到饮食和生活上的防护，就能保证孩子的身体始终处于健康状态。

5. 家长要注意一些细节问题

常言道，细节决定成败。临考前，物质准备和精神准备同样重要，对于考生，这时候任何意外的发生可能都是毁灭性的打击，尤其是去外地考试的考生，更要做好全面的、充分的准备。

第一，为了保证最基础也是最重要的身体健康，家长要帮助去外地考试的考生准备一个小药箱，因为水土不服而导致的急性病是很有可能发生的，药箱里要准备好应对各种常见疾病的药品，以防万一。

第二，准备好考试必需的用品。学校的老师可能已经提醒过每位考生要准备好必需的用品，家长可以再提醒自己的孩子一次，准备好文件袋、笔记本、准考证、身份证，尤其是像准考证和身份证这些重要的证件。考试用笔也有讲究，不一定要去买新笔，孩子平时用惯的旧笔可能会更好。家长还要关注一下天气预报，必要的时候准备一些雨具；如果天气炎热，防晒用品也是必不可少的。

第三，提前熟悉地理位置。家长最好带孩子提前到他的考点学校观察一下位置，熟悉路线，以免考试当天出现迷路的情况。这些事项学校的老师也许已经提醒过他们，但是家长还可以再做一下简单的提醒，切记不要唠唠叨叨，没完没了，用轻松的语气点到为止即可。

第四，要特别注意孩子去往考场时的交通工具和交通情况。每一年高考的时候，考场附近的人流量和车流量都非常大，堵车的情况也时有发生，如果考生在去往考场的路上遭遇堵车，心情一定会受到影响，加剧他们的考试焦虑，而且有的考试科目有进场的时间规定，为了避免一系列意外的发生，家长在时间的安排上一定要有富余，把交通工具选择好，了解清楚路线，如果是自驾出行，安排最便捷、最畅通的那条路，保证能把孩子按时送到考场。

第五，近年来高考的监考越来越严格，有许多高科技设备的扫描，这时候家长就要提前了解哪些物品是严禁带入考场的违禁物品，比如手机、手表，甚至有一些孩子佩戴的项链和手链等饰品，提前跟孩子沟通，以免临时出现突发状况影响孩子的心情。每一个地区的考试细节规定都不一样，要实事求是，根据每个考区的具体要求来做事前准备。

以上的这“五要”既是父母的行动准则，也是孩子的“定心丸”，如果看到父母为他们付出的这一切，心绪也会处在一个比较积极的状态，积极情绪最终也会为孩子的高效发挥助力。

二、家长自我管理中不该做的五件事

阐明了“五要”的具体细则之后，接下来家长需要掌握的是“五不要”，简单来说就是家长在与孩子相处的过程中需要尽量避免的事项。

1. 不要给孩子提出考试的要求

比如说孩子上次月考数学考了 130 分，父母就指定他这一次一定要考得比 130 分还要高，至少得考 135 分以上；上次年级多少名，这次就一定要超越上一次的名次。父母切记不要向孩子提出诸如此类的要求，如果提出要求，就给孩子带来了一种压力，所以家长要在思想上明确，这些要求只会对孩子高考不利。备考进行到后期，孩子的心态已经非常紧张脆弱，到此刻其实孩子只要保持平和的心态，好好地把自己以往储备的知识和能力都发挥出来、调动出来，就足够在考场上发挥出自己的正常水平了。

2. 家长不要乱说话

其一，父母在和孩子互动的过程中，言语输出的内容和态度都很关键，最忌讳用消极态度输出批评式的提醒，因为那些语句会在潜移默化中对孩子起到暗示作用，父母当然可以对孩子提出自己的愿景，但一定要积极向上的，这样连带着孩子的心态也会变得积极。其二，父母谈论的话题应该宽泛而轻松，不能张口闭口谈论的都是有关高考的事情，这样密集的攻势下，孩子的心理负担只会越来越重。其三，父母要控制自己说教的频率，不能反复唠叨同样的事情，少说重复的话，多和孩子一起观看喜欢的、轻松的节目，如果父母实在过分焦虑，无处发泄，那么就换一个场合，换一个对象，总之不要把负面信号传递给孩子。

3. 不要强迫孩子的意愿

这一点的具体操作是因人而异的。比如，说高考备考期间的接送问题，有的家长因为自身的焦虑过重，总认为孩子无法独自处理好一切，包括上学的路程问题，于是他就想承担保护神的角色，开私家车接送孩子，但孩子的心里却不是这样想的，他也许认为学校和家的距离并不遥远，况且他也并非孤身一人，他和同学结伴去上学，完全不需要父母的接送。在这种情况下，尊重孩子的意愿并不直接代表拒绝接送，如果孩子觉得其他人的父母都送他去学校，认为这是一种爱护的表现，那么父母就应该顺从他的心意，主动护送孩子去学校。这时的送与不送，全因为孩子的需求，而不是凭父母的感觉。但当高考最后一科结束的时候，父母最好去接一下，给予孩子一些鼓励，但是过程中要保持平静，不要问考得怎么样，题目难不难，只需要安静地陪着他走，拉着他的手，拍拍他的肩膀就可以了。在考试的这几天，有些家长可能是公职的岗位，不方便请假，这时候就要根据自己的实际情况来决定，总之要遵守的原则是，孩子需要什么，家长就满足什么，以孩子的需求为前提，尊重他的自主选择。

4. 不要询问孩子考试分数

当孩子结束最后一门科目的考试走出考场时，很多家长迎上去第一句问的就是“考得怎么样？”接着开始仔细过问所有细节，问孩子估分能得多少，题目的难易程度如何，有没有信心到达某个学校的历年分数线之类，这是家长应该避免的举动。除了家长的询问之外，有些孩子自己也喜欢一结束某个科目的考试，出来就和同学对答案，但其实双方都不知道正确答案究竟是什么，这就容易造成盲目的乐观或者失望，影响下一门考试的心态。如果父母发现这种状况，就要干预制止孩子对答案的这种行为，转移一下孩子的注意力，带他去平时喜欢光顾的餐厅用餐，维持良好和温暖的家庭氛围，让孩子注意休息，保持情绪稳定，心绪平静。

5. 不要议论填报志愿的相关事宜

在高考两天日程的中途，在还有考试科目没有结束的情况下，过早谈论填报志愿的相关话题，一方面会增加孩子的负担，另一方面会分散孩子的注意力，而且在高考完全结束后，还有一段日子才能出成绩，有的是时间来思考填报志愿的事宜，不用急于一时。

学生考前心态的调整很重要，家长心态的调整也很重要。在整个备考的过程中，如果父母能够始终保持一个良好且稳定的平和心态，那么对孩子的助益是很大的，如果家长的情绪稳定，那么家庭的氛围也会维持在良好的水平，在这种氛围里，孩子也更能沉下心来备考，更能保持正面情绪，最终在考场上高效发挥。

这“五要”和“五不要”是父母维持平稳心态的制胜法宝，是很实用的调节情绪的方法，但这些方法的具体运用还是需要具体问题具体分析，因地制宜，根据每个家庭的具体情况来制订具体策略。活用“五要”和“五不要”，因人而异，家长采用孩子最能接受的一种方式即可。

三、考生心态的自我管理

考前心态的调整不仅仅是考生需要掌握的课题，对于家长来说也是需要帮助考生进行自我管理重点注意的问题。在距离高考越来越近的不同时段里，考前 20 天怎么办？考前 10 天怎么办？考前 3 天怎么办？考前 1 天怎么办？考试当天怎么办？这些问题其实都需要一些方法和技巧来解决。

1. 考前一天自我管理

以考前一天举例，这一天的准备相当于高考的临门一脚，这一天里需要完成的任务已经不多了，但考生也不是就可以完完全全松懈下来，不要认为万事俱备，只欠东风，更不要破罐子破摔。在这一天，考生心态上应该是放松的，适当地做这样两件事：第一件是适当地翻一翻教材、模拟题。第二件是再次检查一下应该准备的应试用品、必备用具，做到心中有数，并将它们放到指定的位置。如果觉得不看看书心里不踏实的话，就去翻一翻错题集，听一听轻音乐放松心情，甚至也可以根据自己的情况做一套模拟题。这一天应该尽量放松心情，按照原来的节奏适当地放松即可。睡眠方面也是一个重点，在考试的前一天不要睡太早也不要睡太晚，11 点半左右是一个比较适宜的时间。在起床之后适当地进行一些晨练，唤醒自己的身体，最好是走到自然环境中深呼吸几口新鲜空气，让自己这一天有一个全新的开始，然后用早餐，饮食跟平常一样为佳，不要油腻，不要重口味，以清淡为主。

去往考场的交通工具需要提前选择好，考场距离、交通拥堵情况都需要被纳进考虑范围，无论是选择自己步行，还是父母开车送去考场，时间都要有富余，但不需要提前太多导致在校外空等，提前半个小时左右到达考场即可，熟悉一下考场环境，踩好点，接下来就是心态的准备。

2. 三分钟催眠和按压内关穴

考前心态调整是非常重要的，在心理学上常用来放松心态的方式之一就是催眠。考生在进入考场，但答题还没有开始的时候，可以先进行两个简单的放松训练方法。第一个方法是“三分钟催眠”，通过催眠的方式，让焦虑得到缓解，在考前达到一个非常平和的状态。自我催眠并不要求高难度的操作要领，步骤很简单，总共分为三个部分，每部分一分钟进程。第一分钟相当于准备工作，在这一分钟里，考生要做的就是深呼吸，深深地吸气，屏住几秒钟，然后深深地呼气，大口地吸，大口地呼，让整个身体都跟着律动，越夸张越好，目的就是让整个人在一呼一吸之间，使身体的所有肌肉都能放松下来。

其实身体的放松会直接影响我们整个人的心境，每分钟能够深呼吸的次数不固定，根据每个人的肺活量不同次数也自然有差异，这个时候可以采用腹式呼吸法，也可以采用自然呼吸法，但无论采用哪种方法，都要深深地吸气和深深地呼气，让身体律动起来。

在第二分钟里，考生要做的事就是观想月亮，比如说考生正坐在考场上，老师在讲台上宣读考试纪律，强调考试要求，然后开始发卷，这个时候如果坐在那里东张西望也不太好，还不如闭上眼睛，想象一下眼前出现了一轮月亮。观想月亮这部分最重要的是保持内心的宁静，静静地想象和观看，尽量详尽地想象出月亮的细节，它是圆月还是一轮弯月？周围是一片漆黑还是散发着月光的清辉？秋月还是冬月？黄月还是白月？有的人想象的可能是中秋的月亮，有的人想象的可能是镰刀月，有的人想象的可能只是一个月牙儿，但这些都不重要，重要的是保持内心的宁静，然后把所有注意力都投入进去，全神贯注地观察着这个月亮，把全部的注意力都集中在这里。

第三分钟应该用来进行积极的暗示，这个暗示并不规定范围，可以想象自己考完试之后走出考场神清气爽的样子，可以想象父母带着爱的迎接和拥抱，可以想象自己在下学期开学的时候就已经进入了理想的院校，可以想象自己和好友的毕业旅行……总之想象的空间很大，没有边界，只要是美好的、积极的、乐观的事物都可以，调动自己的积极情绪和乐观心态，潜意识里就已经在暗示自己：我可以做到，我可以拥有我想要的那些东西。喜悦油然而生，这样的心态对考试有着极大帮助的。三分钟自我催眠适合考生在提前进入考场后，还有富余的准备时间时，可以用来对自己进行短暂而高效的催眠。

如果觉得三分钟自我催眠法太烦琐且太复杂，想要放松自己还有另一种更简单的方法，那就是第二个方法——按压内关穴。内关穴位于手腕三指以上的位置，两手内关穴各自顺时针按摩 36 下，这个方法同样具有镇静心态的作用。

关于考前放松的简单训练，实用便捷的就是这两个方法，能够运用于每一科考试前，坐在考场上等待老师发卷的那几分钟里。如果考生可以好好地利用，就能让自己的心情平和，心态稳定，情绪乐观，然后把最好的状态调动出来，有益于考生的高效发挥。

3. 考试技巧掌握

除了考前心态的调整对考试的发挥有着间接的影响外，考试技巧的运用则直接影响考试的发挥。不论是学霸还是普通学生，在应试上都有自己独特的小技巧，每个人的具体解题方式也都不一样，但是有一些通用的技巧是学霸和普通学生都能普遍运用的。进入考场后要环顾四周，也就是说考生在提前进入考场后，先要熟悉环境，要让自己找到一种熟悉的感觉，当心理上感觉越熟悉的时候身体就会就会更加放松，然后才能够自信满满、面带微笑地走进考场。

在考生踏进教室找到自己的座位坐好后，就可以开始做上文指导的两个放松训练，即三分钟的自我催眠方法，或者是按压双手的内关穴。接下来到老师发卷子的时间，考生就应该开始认真填写自己的个人信息，这些细节在以往的模拟考试中都练习过，比如说该用铅笔的用铅笔，该用碳素笔的用碳素笔，然后按照老师的要求认认真真填写，保持情绪的稳定。当这些个人信息全部填好后，还有一个重中之重，就是带有考试信息的贴纸一定要粘好，粘好之后按照监考老师的要求去完成后续操作。

接下来考生需要做的就是浏览整个试卷，粗略地评估整套题目的难度，如果能找到自己已经掌握的旧题，那是最幸运的，心情一下子就会变得开朗。先是粗略地浏览，并且看一看试卷的页数以及各页的题型，很可能有的题一看就是熟悉的题型，然后大概有个难易度区分，因为这个时候老师们还不让答卷，那么翻阅试卷看一看，尤其是看到有感觉的题，兴奋点马上就会起来，可以给自己一个积极的心理暗示。

铃声响了就要开始考试了。首先最重要的一点是时间分配，有些考生刚开始的答题习惯是前松后紧，因为平时在大大小小的考试中已经有训练，这个时候就按照自己以往的节奏，如果需要调整时就去调整。把握好整场考试的答题节奏，尤其要注意得分优先。就是说会的题一定要拿下，要做准、做对、做全、做优、做满分。然后要努力做到三先三后，第一点是先涂信息答题；第二点是先做容易的题，再做难的题；第三点是先涂答题卡，这是非常重要的一件事，一要看涂得满不满，二要看按没按要求填涂，如果最后时间所剩不多，考生的心情出现慌乱的时候，在这种情况下两三分钟就涂好答题卡，可能有的时候因为太着急而涂串行，所以建议考生一定要先涂答题卡。如果在涂的时候对个别的题有一些纠结，有一点拿不准，那么可以先轻轻地标识一下，最后有时间再去填涂纠结的题，但不要遗忘它。所以这三先三后要注意。

考生在答题的过程中审题要慢，尤其是在大篇的阅读材料信息比较多的时候，这时候的审题格外重要，怎样把最有效的关键信息提取出来，这是非常重要的。所以审题的时候慢，答题的时候速度则要适当加快；与此同时，在做计算题的计算时，无论是数理化还是文科地理的计算题，计算一定要准确，而且要运用平时记忆的公式和定理，同时胆子要大。考生们总会认为高考题的难度和平时的练习题的难度是不可同日而语的，但事实上，如果真的遇到一眼看上去就会的题目，就要相信自己的第一感觉，不要反复琢磨推论，不然有可能弄巧成拙，把简单的题目复杂化了，所以胆子要大也要果敢。书写要规范，书写涉及的范围很大，每一科每一题都要用到书写，尤其是语文和英语最后的大作文，以及文科的政治、历史，都有极大的书写版面，而规范的书写能给阅卷老师留下良好的第一印象，占到先机。答题要有采分点，分点答题，所有的老师都在反复强调标号，小一、小二、小三、第一步、第二步、第三步有层次有段落地去答题。在做题的过程中一次做好，可以提前打草稿，但是不要把草稿当作正式作文那样认真地写，太浪费时间。草稿要打在草稿纸上，努力保证卷面的整洁，如果出现偶尔一点不整洁的时候，老师也教了方法，可以适当地进行一些修改标记，而不要大面积地涂改。

粗心也是高考过程中最大的劲敌之一，有的考生遇到简单的题会想当然地觉得太简单了，然后不好好地审题，可能这道题的背后就有陷阱。所以审题要小心、认真，更要仔细，把所有的条件、设问都看清楚。尤其是遇到熟悉的题也要仔细，有的时候某些题的背景材料都一样，但设问却不一样，比如像文科的一些热点题，可能一看这个材料觉得非常熟悉，如果过于粗心大意，则可能在审题、整合答案的时候出现了问题，所以越遇到熟题、简单的题答题时越要仔细认真。

当遇到难题的时候，考生采取的应对策略是，采用短暂的时间试图攻克它，如果短时间内攻克不下来，就要暂时跳过。一般认为在难题上纠结的时间不应超过5～7分钟，如果时间到了还是没有思路，那就先跳过它，然后在草稿纸上标记一下这道题，再在卷面题干中突出的地方标记一下，处理完其余部分的简单题后，如果还有时间，再回头来攻坚难题。所以在高考的时候学会放弃，也是一件需要勇气和当机立断能力的事，是高考应考中一个非常重要的方面。

第八章
考前 20 天的学习方法与技巧

不论是学习上的要求还是生活中的注意事项，一时达到目标不难，难的是长期的坚持，这跟考生个人的意志力与家长的教养方式都有关系。坚持良好的学习和生活习惯是考生给自己减负的小窍门，同时也是为高考打下制胜基础的大前提。考生只要牢牢抓住考前 20 天的复习冲刺时间，高效地进行学习，那么在高考考场上，一定能收获意想不到的惊喜。

对于高考考生，备战高考是一件持之以恒的事，可以说，考生寒窗苦读十几年都是在为最后的高考做准备、打基础，但真正有组织、有意识的高考备考进程，往往发生在高三这一年。高三一年整整365天，每一天对于高考考生来说都是至关重要的，随着时间一步一步地逼近，在临近高考前20天的时候，考生会迎来备考的一个重要节点，如何把这样一段时间高效地运用好、利用好，对每个人的意义都是不同的。

为了剖析和解读高考前20天的备考细节，我们需要探讨的问题有以下几点：考前20天要注意的问题、考前20天的学习方法与技巧、考前20天考生在生活上的变化和要求等。这些都是考生在备考过程中需要考虑的重点，也是家长提醒孩子需要注意的学习方法与技巧。

一、考前20天应注意的细节

在离高考还有20天的时候，许多事情都已经成型，但还是有一些具体细节需要不断进行调整，那么在考前 20 天的时间里，家长要提醒考生应该要注意的问题有哪些呢？主要有三个：第一，不能走两个极端，过度的放松和过度的紧张都不可取；第二，两种倾向要注意，浮躁的、眼高手低的、不踏踏实实做事情的，再有就是大局已定的思想，觉得只剩下 20 天再努力也没用，事实上并非如此；第三，事倍功半的四种现象，盲目做题，扔强补弱，只顾难题不顾基础，过于迷信押题猜题。这些问题都是考生在考前 20 天需要避免的，而且 20 天不是一段很长的过程，但只要有效地利用起来，一定可以为高考的成功添砖加瓦。

1. 不能走两个极端，这两个极端是彻底的放松和极度的紧张

在考前 20 天，考生如果过早地进入放松状态，他的意识能量就可能会松懈下来，整个人高昂的精气神无法维持到高考考场上，而且长期形成的生物钟会被打乱，对学习有害无利。同时，考生在这段时间内也不要过于紧张，因为进程已经走到末期，许多事都已经尘埃落定，这个时候能做的就是查漏补缺，而不是再疯狂地背书做

题，试图吸纳新知识，这样高强度的压力，精神状态长期紧绷，反而使学习效果适得其反。还要注意不要过度疲惫，在离高考只剩下20天的时候，考生不能再像前几个月或者是上半年那样，加班加点地去挑灯夜战。如果过度疲劳，和平时的作息时间一致性不够，会导致考生在临考前打不起精神，让考生整个高考的状态都处在这种学习的“高原反应”中，可能会表现得更突出，但更有可能因为考试时身体和精神不同步的兴奋度，出现心有余而力不足的情况。

综上所述，过度的放松和过度的紧张都不可取。尤其是过度紧张容易导致遗忘，甚至使整个思维发散，出现迟钝和空白。有时候考生觉得原来都记得挺好的知识点，在考试时脑子里却突然一片空白了，这就是过度紧张带来的严重消极后果。

2. 克服两个倾向

第一个倾向是现在很多学生，无论哪个阶段的学生在日常学习中都容易出现的一个情况，就是浮躁。浮躁的表现有很多，比如总觉得自己已经学完了、学够了，上自习课时，大家都在查漏补缺，有些孩子就浮躁地东张西望，就是看不进去书，或者说只看书不动手，这也就是所谓眼高手低的现象。这种现象对备考的有效性打击沉重，因为一个眼高手低的人，会失去很多脚踏实地的机会，比如仔细地梳理笔记、整理错题、查漏补缺，这种提高成绩的机会就在“只看书不动手”的浮躁情绪中溜走了，所以这时克服焦虑情绪的重要做法就是自己动笔，把需要梳理的知识体系、知识框架以及错题都整理出来，而不仅仅是看书、看提纲、看以往复习过的书本。脚踏实地，切记浮躁，这是考前 20 天第一个要注意的问题。

第二个倾向也是对备考尤为不利的，那就是大局已定的论调。有很多考生认为现在距离高考只有 20 天了，一切都已经尘埃落定，无论努力与否，20 天里也无法扭转乾坤，好与坏就这样了。但事实上，哪怕只剩下一分钟，也是可以完成很多事的。平常我们对一分钟的感觉是片面的，总觉得时光飞逝而过，但是如果真的静下心来去认认真真地完成任务，在这一分钟里其实可以做很多事，比如背几个单词，默写两句诗词，摘抄一句作文中的佳句，这都是切切实实能够在一分钟内完成的事。一分钟况且有所意义，更别说整整 20 天了，我们不能觉得无所谓。只要用对方法，付诸努力，考前 20 天照样可以扭转乾坤，至少能为高考的胜利添砖加瓦，能让每个考生握在手里的砝码更重一些。

3. “四种现象”

第一种现象即是盲目做题的现象。现在很多学生在做题的时候，尤其是个别成绩中等或者是偏后的一些学生，出现盲目做题的现象，天天累得够呛，不断地去做题，不断地去练习，这个时候这种盲目性反而会让他们疲惫感增强。所以建议考生们在做题的时候要有思考、有选择，在做完一套题之后，花费短暂的时间静坐思考，在反思的过程中总结这套题的难度、与自己的适配度，考生要对自己的水平有清晰的认知，要知道自己的强项和弱项分别在哪里，应该对应做哪些类型的题目，不要盲目做题，要在思考过后有针对性地用题目来训练自己的思维能力。

第二种现象是扔强补弱。在距离考试只剩下 20 天的时候，有些基础薄弱，或者是个别科目“瘸腿”的考生开始焦虑，开始着急，然后开始对弱项科目进行强化训练，当然补习是合理的，但是在补弱项的时候，千万要注意，不能让自己的强项科目受冷落。如果强项科目受冷落的话，往往会造成事倍功半的后果，所以既要关注弱项科目，同时对强项科目也要进行一系列的加强工作。

第三种现象是只顾难题不顾基础。到了还有 20 天高考的时候，老师们都会开始提醒考生，要注意多梳理教材，回归课本，这个时候千万不要把精力过多地放在难题上，而无暇顾及基础知识，只在错题集里流连忘返，却不回归书本，这样很有可能顾此失彼。

第四种现象是过于迷信押题猜题。有一些考生认为考点是可以押中的，把考点放在一个很重要的位置，不停地梳理模拟题，抱着能够猜中题、押中题的侥幸心理，这也是在态度上需要注意的一个问题。

二、考前 20 天该如何复习

在这 20 天里，虽然不能过度紧张，但学习还是千万不能放下的，如果想做到高效地学习，就要仰仗一些学习方法和技巧了。学习的方法和技巧在短时间的复习里尤为重要，如果一天到晚只是死读书，没有任何策略和方向，那么一天下来会非常疲劳，而且效率很低，心里只有疲惫而没有成就感。所以在这个时候，复习要讲策略，既要学进去，学会、学透、学明白，同时还要保持一个好的情绪状态。

1. 复习策略和学习技巧的第一点是好的心态

要坚定一种思想——有所为，而有所不为。对于自己能做什么，应该做什么，不能做什么，有什么禁止项，要对自己以往的学习内容和知识有所掌握，知道自己学到了哪个程度，以及在整个过程中各个科目之间的强弱，何为自己的弱项、强项所在，自己都要有一个全面的了解。

比如某一个科目，以政治为例，它一共有四本教材，那么在这四本书里，哪本书学得好，哪本书学得弱一点。再比如数学，数学考卷的难易分布比较一致，通常都是最后一道题比较难，尤其是最后两问是难度最大的。如果了解了自己的强弱项，又知道了考卷题目的难易分布，考生自然就知道哪些是有所为，哪些是有所不为。这个时候切记要克服一种心理，就是求全、求难、求新，而忽视了基本功的夯实，忽略了知识体系的构建。

考前20天的复习技巧之一的好心态，在复习策略上要有所为而有所不为，那具体该如何践行这一点呢？首先，考生要明晰考点问题。每一科每一章都有许多复杂的考点，复习时要有所侧重、有所取舍地进行，不要全盘接受，从第一个考点详细看到最后一个考点，这样既浪费时间又效率不高，每一科的考点都非常多，如果每个考点都要面面俱到，时间上根本来不及，这个时候就要抓住重点，高效地做到“有所为”。但不是所有的考点都要详尽，在考点的时间分配上是这样，而在具体题目的分配上，每个题型都有标准解答流程需要掌握，每种题型至少要有一个例题是完全掌握的，但不需要每次遇到这种类型的题目都从头到尾仔细地做完，只要知道基本解题流程即可，这就是从题型角度来看的“有所不为”。

其次，考生未必能把所有题目全部做完，可以有所取舍，但是在这20天内，要力争做到所有的考点全都复习完，不能有“漏网之鱼”。因为考点就是考试的范围，每一个指定都要涉及，只是比例的多少根据年份的不同而有所侧重。不要因为题没做完而焦虑，要将所有的考点都过一遍，这样才能踏实地继续复习。

再次，虽然不知道具体会考哪个题目，但是考生复习了这么久，尤其是从一模、二模，现在进入三模的阶段，命题的方向必须一清二楚。在这一点上，老师也会帮助考生一起总结命题方向，结合课本和时事热点，把握命题的大方向。

最后，在答题的时候，考生不可能每题都拿到满分、高分，这时候不必妄自菲薄，只需要把自己掌握了的题的分拿到即可，力争做到会的题不丢分，模糊的题尽量拿分，难度特别大的题就果断舍弃，不在难题上花费过多的时间和精力。

在这段时间的复习里，把所有的题目全都做一遍是不现实的，但考生能够做到的是把考点全覆盖地过一遍，以及把每个题型的题目的解题思路都掌握。虽然不可能将模拟题全部做完，但是所有模拟题涉及的考点和题型是有交叉的，只要把考点和题型掌握了，就相当于掌握了千千万万无穷尽的模拟题。出题的方向、时事热点、拿分技巧都要掌握，这就是在第一个复习策略——有所为，而有所不为中的重点技巧。

2. 复习策略和学习技巧的第二点是时间的安排

（1）第一个 10 天复习安排

在这 20 天里考生要做一个周计划和日安排。从以往的经验来看，假设今天是 5 月 17 日，那么到 5 月 25 日正好还有一周的时间。从 5 月 17 日到 25 日这一周多的时间里，考生重点要做的事情就是要调整状态，认真对待每周一次的模拟测验，积极地对待每一次考试。除此之外，考生还要调整自己的心态，从考试状态上以及知识的储备上去调整。比如对于文综、理综，很多同学都存在时间安排的问题，有的是很费力才能勉强答完整张卷子，还有的直接就是没法儿完成，这就说明在时间安排上出了问题。每一科的复习时间怎样分配，考试时先做难题还是先做基础题。答题卡什么时候填涂，这些细节都是可以在每周的模拟考中反复调整并找到的。除了日常的训练，在这段时间里，考生还可以再进一步，再上一层楼，寻求个人的针对性突破。根据学科优先的原则，重点关照自己的强项科目，做一个突击训练，最终达到针对性的突破，多做一些真题和高考模拟题的训练。

在这一周内，还要强调整理试卷的重要性，整理试卷对考生这段时间心境的调整是非常有意义的。在整理试卷的过程中，考生可以一边梳理思绪一边回想自己备考的过程，翻到某张卷子就能想起当时攻克的某个知识点，一张一张卷子整理下来，就相当于知识体系在脑海中的构建逐渐成形。所以在这段时间里，建议考生每周或者是两三天就整理一次，哪些需要留下，哪些需要扔掉，哪些需要放到文件夹里带走，有所取舍有所保留，这一点对于考生心态的调整，维持乐观的情绪来说也是非常有意义的。

（2）第二个 10 天复习安排

从 5 月 26 日到 6 月 6 日这 10 天，考生就进入了临考的阶段。在临考的阶段，除了每周有两次考试，一些真题的训练之外，复习重点应该放在哪里？万变不离其宗，到了最后的关键阶段，回报率最高的复习策略还是回归教材，无论是文科还是理科，无论是政史地还是理化生，考生都要最终回到教材中的基础知识复习上，文科的基本史实、理科的基础公式，都要再次重温和记忆，在知识体系中再次加深对它们的印象。这个时期不要追求过多的难题、大题，而是要注意基础题型，也就是必考的一些简单题，掌握它们的解题步骤和思路，如果考生在高考中遇到这一类型的题目，就要争取拿下满分。

在这 10 天里，除了回归书本和教材，另一个重要的复习策略就是错题的整理。整理错题集对所有的考生来说都是意义重大的，在整理错题的过程中不但可以查漏补缺，还能再次回顾有些模糊的知识点，只有清楚自己会在哪里犯错，下一次遇到类似的题目才能避免错误，而且错题集同时也是知识体系构建的一部分。

（3）学科优级

在高考前 20 天的复习策略中，时间管理和安排是很重要的部分，而时间安排在复习中的具体运用就可以理解为：学科优级。所谓学科优级就是指在各科学习的安排中，要有优先级的概念。区分优先级的标准就是考生各科成绩水平的高低，比如某考生是文科生，而他在所有文科专业里，地理是最差的一门，历史、政治和语文都相对较好，那么在这 20 天的复习里，地理就应该被列为优先级，在自习、写作业或者背书的时候，先处理地理的问题，再把其余时间安排给其他科目，这就是所谓的学科优级。学科优级要求考生对自己的学习状况有一个客观而清晰的了解，知道自己的优势在何处，劣势又是什么，只有这样才能排出先后顺序，优先处理最薄弱的科目。根据考生的自我了解，在时间安排上有所侧重，但不是说优势科目就对它完全置之不理，而是时间分配相对于最弱势科目来说稍微减少。

（4）错题集整理技巧

学科优级的具体操作要根据个人实际来进行，在这最后20天里，每个考生都应该结合自己的实际，有针对性地去找一找自己的优势科目、劣势科目。错题集的整理也是有大学问的，错题集不是指所有做错的题目都一股脑地塞进去的集子，在整理错题集时，要有选择地将每种题型中有代表性的错题整理进去，只有最典型的例题才有收录的意义。整理一道题就相当于复习了无数个相同题型的题，这才是错题集存在的意义。除此之外，还有自己反复出错的难点、易错点、高频考点，这些都是有记录价值的。在错题集整理好之后，每次回顾都是一个再次学习的过程，这时候考生就要注意，错题集不是只用眼睛看就足够了的，更重要的是在回顾过程中好好思考，甚至个别的错题最好要重新运算一遍，从头到尾梳理一遍，这样错题集的意义才能真正地体现出来。

在 5 月 26 日到 6 月 6 日这段时间里，考生整理错题集时要有筛选的过程，还可以动笔重新整理一下易错点、难点，以及典型例题，以往记录过的错题要重新筛选，不是所有的错题都要保留到下一次接着学习，因为有一部分错题已经掌握了，就不需要再留存在错题集里了。考生往往对整理错误有误解，那就是错题集越整理越厚，恨不得把自己做错的每一道题都记录进来，但事实上正确的做法应该是错题集在整理的过程中逐渐变薄，逐渐精简，到高考前夕只剩下少量非常经典的例题。每一次重新整理时，只需要把自己总是弄不清楚的那一部分错题再夯实一次，对错题集的有效利用才会达到最大化。

（5）一天内的时间安排

每一周的计划几乎都是以“块”来划分时间的，但日计划则不同，它应该更加详尽，应该精确到“点”，从清晨到深夜，每一分钟都应该好好利用。一日之计在于晨，从早上开始，考生就应该按照自己的个人安排来决定起床时间。个人情况不同，生物钟也不同，有的人习惯早起，有的人习惯稍微晚一些起床，时间上的差异并不重要，而且它们都是可以通过睡眠来调整的。

这段时间考生在调整作息的时候，一般是在晚上，11：30左右休息为最佳，每天可以利用5～10分钟的波动时间来调整睡眠，今天早睡5分钟，明天早睡7分钟，以此类推，每天调整一点点，20天下来可能作息时间就调整到了最佳值。从一天的开始来进行日程安排，第一件待办事项就是早自习，每个学校规定的到校时间都不同，考生可以稍微提前一些到学校，如果学校要求早上7：00到校，那考生就6：40或6：50到校，早到一二十分钟。那么早到的时间用来干什么呢？通常建议是跟学校正常安排互补，比如说学校今天的早读安排了英语，那么这早到的一二十分钟里就可以先背几首古诗词，如果学校安排这天的早自习是语文，那么早到的时候就先背一二十分钟单词，总而言之就是尽量多科目兼顾。这个过程中可以让我们的思维在不同科目中跳跃转换，得到最大限度的锻炼，也在一天的清晨唤醒大脑的活跃度，而不是被某一科的思维固定掌控，以至于应对其他科目的学习时思维转换不过来。早读如果能好好地利用，对于开启一天的学习生活是大有裨益的。

早读结束就是正式课堂的开始。到了考前20天左右，老师已经没有新的教材知识要传授了，通常都是讲解题目，对于一部分基础较好的考生，这时候就会出现一种困境，老师讲的题他们其实早已经明白了，于是觉得这段时间是种浪费，应该用来讲解他们不懂的题才更合理。但事实却正好相反，对于这些考生，这45分钟才是能够得到利用最大化的时间，对于部分考生，在这个时候的目标就是四个字“懂、会、熟、快”，懂代表不仅懂得这道题的具体解题步骤和答案，还要清晰它背后蕴藏的知识点，对这个考点融会贯通。在懂的前提下，就要力争不仅要懂，而且通过这道题，可以类推到包含这个考点的所有题目，对这个类型的考题都很“会”。会了之后还要熟练，一看到相关关键词，就知道具体要考查什么，达到这种境界之后，做题的速度自然也会提高，最终“懂、会、熟、快”四位一体。

在某种程度上，高考不光是考查考生对某些知识的掌握和理解，也是考查考生对知识点的熟练程度，越熟悉的知识，考生在答题的时候花费的时间越少。比如别人需要 15 分钟才能完成的大题，他只需要 8 分钟就可以了,那么这多出的 7 分钟,他就可以用来琢磨其他难题。所以对于基础较好的考生，每一节课的 45 分钟都是很重要的，而且都是回报率很高的，这是一个让自己对知识点和考点更加熟练，不断记忆、不断整合、不断加深的过程，所以千万不要忽略这个机会，要抱着做到“懂、会、熟、快”的目的去听课，有了目标效率就会更高。

在上午的课程结束之后，就到了午饭、午休和午自习的时间，当下课铃响起之后，很多考生都急匆匆地奔向食堂去占座位。一上午的学习确实消耗体力，这也是人之常情，但是有些考生下课后并不急着去吃饭，而是再在教室里逗留十几分钟，等用餐的高峰期过去了，再趁着空当去解决午餐问题，那么这十几分钟里他们在做什么呢？记英语单词、背诵好词好句、默写英语作文的优秀范文，利用别人等待打饭的时间，将这些十几分钟利用起来，涓涓细流汇成海，积攒起来就会对英语学习大有裨益。所以在考前 20 天，遇到几分钟、十几分钟这样的碎片化时间的时候，完全可以将它们利用起来，而不是跟大家争抢着去打饭、去排队。找到自己的节奏，让自己平静下来记几分钟单词，等一等自己。

午休的时间对于高考备考生一天的学习生活来说是非常重要的，因为从早上六点多的早自习开始到晚上十点多的晚自习结束，一天下来体力和脑力消耗都非常大，如果中途没有得到适量休息的话，长此以往是无法坚持下去的。在高考前还剩下20天的时候，大家一定要把午休这件事重视起来。

每个学校的具体情况不同，但通常午休的时间是20分钟到40分钟。午休时间太长和太短都不好，如果午休时间太短，大脑无法得到充分的休息，那么就没有精力应付接下来的学习，如果午休时间太长，又可能让脑袋昏沉，浑浑噩噩，影响下午的学习。如果午休结束离下午上课还有一段时间可以做什么？这段时间不够用来学习一个新的知识点，所以最好用来复习和巩固旧的知识点，做题或者背书，针对某一个知识点安排相应的题型来练习，不需要太难，基础题或者中档题即可。这些零碎时间里的练习能锻炼考生思维的敏锐性，基础题难度小，不需要花费太多时间，同时又能给考生带来充实感和愉悦感。午休时间练习的科目可以根据自己的实际情况来选择，找出自己的弱项所在，加强巩固。

晚自习时间是一段比较长而完整的时间，晚自习对考生们提高成绩，查漏补缺有着非常重要的意义。各个地区和学校的晚自习时长不同，假设晚上 11：30 为通常的晚自习结束时间，以这个大致区间为例，在吃完晚饭到自习结束的这段时间里，考生该怎样科学地安排学习计划？无论具体情况如何，共同的原则都是“学科优级”，按照有所轻重的优先分配法来割切时间，比如某文科考生各科成绩的优劣情况是地理相对弱，那么这位考生在晚自习开始时最先复习的应该是地理，空余出一段完整的“块”状时间来复习地理，先完成地理练习题，总结和整理错题集，梳理知识体系，接下来再按照数学、英语、语文和政史的顺序来合理均匀地分配时间，实现晚自习的最佳利用。给最弱势、最难懂的科目预留出最多的时间，零碎时间则用来重温较为熟悉的知识，达到“懂、会、熟、快”的结果。

到了晚上 10：30，一部分的学习任务已经完成了，比如已经完成了地理作业的纠错和整理，但语文诗词还没有熟背，这个时候就不要继续奋斗完成任务了，在

10∶30—11∶30 这段时间，最好用来进行一整天学习的回顾和总结，把所有知识点都在脑海中梳理一遍，让它们进入大脑储存的知识体系中，而不是强行继续做题。如果有的学习安排还没有完成，那就延后，第二天再安排时间去完成。高效利用晚自习的这段时间，要按照优先完成的原则，能完成几科就算几科，每天都坚持“弱先强后”的顺序来进行，有序而清晰地推进复习工作，弱势科目要重视，强势科目也不能落下，每天都和这些科目有一个对接，形成对以往的知识点不断重复，不断记忆，不断理解和整合的一个过程，这样才能实现对晚自习这段时间的最高效利用。

（6）周末时间安排

对高三备考的考生，周末也是一个比较重要的时间段，由于各个地区实际情况不同，有的学校是周六、周日双休，有些学校是周六上课周日单休。不管空闲时间有多少，基本的时间安排方式都是相似的。在这段时间里，考生应该得到适当的休闲和放松，可以进行一些自己喜爱的娱乐活动，保证一定的体育锻炼，再有时间则用来巩固复习一周的知识，劳逸结合。适当的放松、运动与学习缺一不可，同时和家长的沟通交流也是非常重要的部分。考生的情感输出应该得到重视，一周里积攒的情绪都可以在这个时候向家长宣泄和交流。获得了情感上的交流和支持才能更好地回归学习状态，同时保持心理健康和生理健康。将学习和休闲有机地结合起来，这样的时间安排才最有助于考生的状态在备考过程中维持在最佳水平。

3. 复习策略和学习技巧的第三点是真题的练习

无论是高考前20天还是其余备考的时间段，因为新知识的接受早已经结束，所以复习的重点永远在于真题的练习，而最典型的真题就是最近五年的高考题。在之前的复习中，根据老师的复习策略，考生做题的方法通常是分模块攻克不同部分的题，但到了考前20天的时候，除了要梳理整套的模拟卷，还要把“类型题”重视起来，分区、分块地将它们攻克，然后再进行总结和突破。考生在建立自己的知识体系时，要按照固定的顺序或者规律来进行，要条理清晰地划分出知识的脉络，归类就是其中很重要的方法之一。以政治的必修四——哲学为例，考生在消化和总结这本书时，第一个要重视的部分就是书本的目录，根据目录来理清每一章的分支，建立起知识树状图，清晰地切割关键词——辩证法、认识论、历史唯物主义等，并将它们按照重要程度和自己的熟悉程度区分开，非常熟悉的部分花费较少的时间，模糊不清的知识点则大力攻克，再进行重复的总结和突破。在高考前 20 天，以近几年真题为参照，做好知识点和考点的对接，真题的练习、归类和总结是每一位考生都必须重视的，而且是对即将到来的高考大有裨益的。家长也要提醒考生重视。

4. 复习策略和学习技巧的第四点是区分和掌握“学习区”和“增分区”

在考前 20 天的复习里，除了真题练习，另一个重点是“学习区”和“增分区”的区分和掌握。“学习区”是指考生每天学习的全部具体内容，但这些内容是宽泛的，它们涵盖了所有考点，却不直接等于考点；而“增分区”是指能在高考时拿到分的题目和内容。从“学习区”到“增分区”的转变需要通过系统归纳、习题、考点分类来实现，考生每天学习的内容刚开始被思维纳入时，都是松散的，没有规律的，这时候就要在脑海中将它们进行整理、分类，建立由知识点串联起来的知识体现，再在具体题目的练习中进行实践。以政治的学习为例，每一本教材都属于“学习区”，我们将“学习区”划分为辩证法、认识论、历史唯物主义等具体知识区，就能抓住其中包含的考点。比如“加快转变经济发展方式”这就是一个具体考点，就是一个可以在高考中拿分的“增分区”。习题就是“学习区”和“增分区”对接的连接纽带，通过具体类型题来实现突破。

5. 复习策略和学习技巧的第五点是知识体系的归纳和建构

考前 20 天的学习中，要注意知识体系的归纳和建构。作为考生，为了不断寻求进步和突破，还应该掌握更多的学习方法，其中“电影式”的学习就是在构建知识体系时常用的方法之一。这种方法的重点在于脱离课本的回想和梳理，一般分为以下两部分：一是闭上眼睛在脑海中回想某本书的目录和内容；二是开始动笔写下这本书的知识结构，按照类型或者时间顺序梳理。

勤于动笔是高考备考过程中的一个制胜关键，在建立知识体系时，考生通常需要按照模块或者单元将一本书的知识分类，不断分类总结，直到形成分支丰富的知识树状图。这样的知识体系建立起来是需要切实的文字工作的，而不是简单地只将知识在脑子里过一遍，自己动笔整理和只是看着书本的目录对知识的巩固效果差异非常大，有时候考生翻开书本看到某个知识点，主观感觉自己已经非常熟悉了，但实际在考试时遇到这个知识点却不一定能够准确作答。这种情况就需要平时动笔整理知识体系，切实巩固，在意识中加深对知识点的印象。

每一次考试之前，不论是月考还是期末考试，考生都可以自己动手整理一下这段时间以来学到的知识体系，养成勤动笔的好习惯，为备战高考奠定良好的基础，尤其是现在的高考非常注重考查考生的概括整合能力，在任何一个学科中都有这样的要求。对于发散性思维和整合能力的提高，需要平时大量的训练，在训练中找到整理知识体系的高效方法。

6. 复习策略和学习技巧的第六点是大胆舍题

要大胆地舍弃不属于自己能力范围内的题目。在高考考场上，面对陌生的考卷，平时成绩中等的考生一定会觉得有一部分题目是自己无法解答出来的，即使是优等生，也有一些知识点没有完全学透，在这种情况下，就要果断地选择放弃那部分无法攻克的难题，把自己已经掌握的基础题和简单题做好，在做对的基础上做全，争取拿到高分，甚至是满分。不要将太多精力投入到回报率不高的难题上，难题不但消耗时间和精力，而且会影响考生在考场上的情绪，并影响接下来的作答，这个时候就要学会舍弃。

当然，如果在基础题和简单题已经全部完成，而考试时间还有剩余的时候，就可以开始钻研那些难题了。因为难题虽然难度高，但也不是完全没有拿分的可能，比如数学最后的大题，基本都分为几个小问题，而大题的第一、第二个小题通常都是比较简单的，哪怕不能答全，写出具体公式和一些步骤也是可以拿分的，考试临场发挥要遵守的第一原则就是多拿分。

无论考生平时的学习成绩处在什么水平，都要根据自己的实际情况因地制宜，了解自己，把握自己各科的优劣势，章节的优劣势，恰到好处地舍弃，而不是强迫自己面面俱到。这是在学习上对每一个考生的总要求。

7. 其他复习策略和学习技巧

在考前 20 天的时间里，考生要把那些懂而不会，会而不对，对而不全，全而不好的现象克服，在思维上进行训练，重点是强化学科思维的训练。每个学科都有一些思维训练的要求，首先就是审题能力，审题准确可以避免 80% 的粗心失分。除了审题之外，还要求有规范答题的能力，比如书写的规范，步骤的完整，一些关键词的术语表达，都是要在这段时间里反复强化的。除此之外，答题能力的训练也非常重要，像以往的高考，无论文科理科，流行的标准都是答得越全越好，但现在随着对考生能力的要求不断提高，答题时只是简单地堆砌知识点已经不吃香了，书面知识与实际应用能力的对接才是高考选拔中特别强调的。所以，在考前 20 天这段时间里，考生无论是做测题集、真题训练，还是套题训练的时候，都要把以上几个反复强调的注意事项记在心里。

8. 复习策略和学习技巧小结

最后的这段时间里，最正式的几次模考，一模、二模、三模都已经结束，但剩下 20 天的时候学校还是有可能组织其他小型的模拟考试。在这些考试里，考生要注意的就是淡化单科分数，关注总体上限，淡化班级和年级的排名，关注自己的成绩，观察自己比上次提高多少分，提高的原因是什么，总分在各科的分布情况是如何的，成绩只用来与自己比较，而不去关心其他同学考试的结果。

同时，在这段时间的学习中，尤其是模拟考试结束之后，考生应该重点做的是找问题找原因，而不是只关注分数，名次可以看，但更重要的是要了解名次体现出的问题。如果考试成绩较低，就要找出失分的是哪个知识点，自己对这个知识点是完全不会还是没有摸透，再考虑在接下来的学习中如何才能把它完全掌握，一定要找到确切的原因所在，才能更好地制订下一步的学习计划。

在总结和反思了这次考试的问题之后，接下来就要制订增分策略。这段时间考生应该已经了解了自己的优势和劣势，复习的优先级也已经排好顺序，找出自己在每一个科目里的模糊点，比如数学方面是函数和几何最难懂，失分最多，那么就要摸索出自己是在哪个定理或者公式的运用上犯了错，丢了分，把增分点标记出来，通过典型例题的训练来突破。所以在这几次模拟考试的时候，学生应该尽量淡化单科分数，关注总分；淡化总排名，关注自己的整体优劣势，注意对问题和原因的把握，合理制订增分策略。在最后 20 天里做到大幅度增分的可能性是存在的，只要拥有乐观的心态和正确的学习策略，这 20 天的努力一定会在高考时给自己一个漂亮的回应。

考生在最后 20 天的学习生活中，在答题训练的时候，要把具体知识和答题素质有机地结合起来，让自己的竞技状态在每一次模拟考试中不断得到提升，培养正确的心态，不断地重视最后的冲刺。

三、考前 20 天的生活作息变化

备考生活即将接近尾声的时候，不仅是学习上要有策略，家长要提醒考生在日常生活中需要注意的地方。其中最重要的就是睡眠，在只剩下 20 天就要迎来高考的情况下，考生应该尽量避免熬夜学习，以晚上 11：30 为最佳的上床休息时间，如果有些学生因为之前学习的刻苦，生物钟已经习惯了晚上两三点的晚睡状态，骤然早睡的话会有些不适应的情况出现。如果晚上 11：30 上床之后仍然没有困意，考生可以尝试一个小技巧：找一个让自己感觉到最舒适的姿势，然后躺下闭着眼睛做几个深呼吸，接下来进行观月的冥想，或者按摩自己的内关穴。如果这样还是辗转反侧无法入眠，也不必气恼，不要把睡觉当作任务，只要得到足够的休息即可。

除了晚间的睡眠，午休也是一天的学习生活中重要的部分，根据学校制度和个人习惯的不同，午睡时间可以自行调整，20～40分钟都可以。如果午睡醒来还剩余时间，可以提前为下午的学习做一些基础的工作，比如可以做一些模拟题中的基础题，一做就对，一做就会，一做就满分，这时候得到的成就感可以为下午的学习生活带来动力。在这段时间里考生也可以看一看语文的作文素材，以及英语作文的好词好句，其他科目也可以根据具体情况安排一些零碎的、基础的学习内容。除此之外，在考前20天的时段里考生也要注意避免进行过于激烈的体育活动。锻炼是必要的，在保证适度休息的前提下，打打球，和家人一起出去散散步，和同学们一起跑操都是可以的。但是过于剧烈的体育运动不适宜参与，如果在逼近考试的前几天突然受伤了或者生病了，是一件非常影响考生状态的事，一方面会对考生生理上造成不适，另一方面也会影响考生的情绪，不但影响考生自己，还影响家人。所以运动的前提一定是适度，保证自己在一个安全合理的范围内进行体育锻炼。

除此之外，起居作息安排也是非常重要的一部分。一直到考试前一天，如果学校有统一的安排，就按照学校的统一安排去做，如果自己有安排，也要注意不能打乱了以往的作息规律。考前 20 天的作息应该保持跟原本的作息时间相同，让自己的生物钟规律运转。如果有些考生应对高三生活的高强度学习有些力不从心，可以尝试一些小技巧，比如在上午 8∶30 第二节课结束的时候，学生因为早起，通常会感觉非常困倦，这个时候就可以站起来，搓搓手，动动自己的手指，让自己的末梢神经兴奋起来，这样能够保证在 9∶00—11∶00 这个时间段里处于一个比较兴奋的状态，头脑清晰，思维敏捷，情绪状态都特别好。

考前 20 天是高考复习的关键时期，这个时候可能大多数学校已经放假，但放假回家的考生不能因为假期就打破原有的作息和生物钟。在家可以适当放松，每天做一两套练习题，保证充足的睡眠，遵守原来的作息起居规律，让身体和精神都维持在一个相对稳定的状态中，从容地走向高考。

在这个时期需要注意的最后一个细节是，每天保证自己桌面的整洁。分类和整理桌面是一个良好的学习习惯，无论是在家里还是在学校里，每天挤出 5 ～ 10 分钟时间整理好桌面，让自己的桌面恢复干净整洁，而不是像以往那样整日都埋在题海里，整个桌面都摆满了书本和题库，这样的环境会在无形之中带给自己极大的压力。保证桌面的整洁就是给自己提供一个良好而轻松的物理环境，也是保持积极情绪的前提条件之一。高三备考期间的试卷数量繁多，整理起来也是一个大工程，这时候我们就要合理地将它们分类，分为已经掌握的试卷和还需要重温的试卷，已经掌握的就果断清理掉，为接下来源源不断的资料腾出空间。

第九章
家长学习结果实例

在调查和了解了读者的需要后，本书通过浅显易懂的语言将应试技巧传授给读者。作为一本备战高考必备的白皮书，读者只要认真阅读并切实按照书中指导的细节实施，那么最终的成效是会在高考考场上，以及高考结束后显现出来的。在这个过程中，有许多家长已经有了很大的成长和收获，可以成为其他读者参考的对象和标杆，本书将他们的现实经历罗列出来，用生活化的事例为读者展现，如何才能尽善尽美地度过“高考”这一关。

本书的最大主题为“家有高考生”，顾名思义就是面向备战高考的学子和他们的父母的一本参考书，而这本参考书的辅导作用分为两个板块。第一个版块是“家长的自我管理”，家长的自我管理包括家长的情绪调节、积极心态的养成，还有不良行为的危机干预，以及家长教育理念的调整和亲子沟通的促进，还会指导父母如何在高考期间给予孩子最好的陪伴，这是本书第一个主题，从家长的自我成长开始。

除了家长之外，在备战高考时期的另一大主人公自然是莘莘学子，所以本书第二个板块就是帮助孩子管理心态和提高自我效能。在这些章节里，主要是一些指导孩子备考的小技巧，一部分是指导父母如何帮助孩子，比如在饮食和环境方面，怎样保障孩子的情绪乐观，以及指导孩子找到适合自己的学习方法和技巧；另一部分是指导孩子如何调试自己的心态，如何放松自己的神经，内心的压力又该如何释放。

在调查和了解了读者的需要后，本书通过浅显易懂的语言将应试技巧传授给读者。作为一本备战高考必备的白皮书，读者只要认真阅读并切实按照书中指导的细节实施，那么最终的成效是会在高考考场上，以及高考结束后显现出来的。在这个过程中，有许多家长已经有了很大的成长和收获，可以成为其他读者参考的对象和标杆，本书将他们的现实经历罗列出来，用生活化的事例为读者展现，如何才能尽善尽美地度过“高考”这一关。

一、学习结果分享（一）

本例中的主人公用 A 作为代称，下文中也将称他为 A 先生。

A 先生是一位“70 后”家长，有一男一女两个孩子，女儿是大众眼里十分优秀的学子，成绩优异，学习积极，家里摆满了她获得的荣誉证书，是所谓的“别人家的孩子”，但 A 先生的儿子却和姐姐不一样，甚至在与姐姐的对比下显得不学无术。据 A 先生所言，儿子在年幼的时候对待学习非常努力，思维敏捷，分析能力强，但是自从进入高中，他开始沉迷网络游戏，对待学习的态度逐渐松懈下来，学习成绩也逐步下降。但 A 先生反省，孩子的这种表现并非全是孩子自己的原因，父母在其中也起到了推波助澜的负面作用。因为女儿的优秀，A 先生和妻子经常用姐姐的学习成绩来教育儿子，对比之下，又越发不满儿子的懒惰和散漫，长此以往，儿子的厌学情绪越来越明显。儿子多次回应父母——他需要自由空间，需要劳逸结合的学习生活，不喜欢孤独无味的生活。

但是 A 先生夫妇一开始并没有意识到问题的重要性，导致儿子和家长的沟通越来越少，到最后基本变成零沟通。当时的 A 先生和妻子对儿子的态度是反感的，亲子关系降到冰点，家庭氛围沉重，家长和孩子都失去了对对方的理解和信任。A 先生现在回忆起来，才反省自己当时的举措，明白了儿子的叛逆、不合作、反抗，都是源于父母的施压，不间断地用姐姐的成功来让他自惭形秽，在长期的压抑和不自信中，儿子才逐渐失去了学习的动力。

一段关系的转变一定需要关系双方其中之一的改变，让 A 先生改变的契机就是本书的指导。通过对本书的学习后，A 先生鼓起勇气给儿子写了一封信，在寄出之前，他曾惴惴不安过，害怕孩子看到信之后不会给予任何感动和理解的回应，甚至会产生反感。但事实和A先生的担忧完全相反，儿子看完那封信之后不但没有反感，而且表示出了对父母极大的理解和宽容。父子之间的隔阂烟消云散，亲子关系逐渐升温，A先生和儿子成了至亲好友，沟通频率和质量都大大提高，没有了从前的距离感。据A先生回忆，从前他和儿子的关系是非常陌生的，不管是在现实生活中还是在社交软件上，沟通时都有一种非常尴尬且生硬的氛围，和现在的有说有笑、谈天说地简直不可同日而语。因为A先生跨出了改变的第一步，所以儿子也跟随他的脚步逐渐成长了起来，也主动地靠近了自己的父亲，从以往的拒绝沟通发展到与家长亲密无间，这样的改变是让人感动的。

在亲子关系得到修补后，父子二人在各自的生活中也有了许多积极正面的可喜变化。A先生原本有焦虑症病史，需要长期的药物治疗，但是在和儿子冰释前嫌，发展成了好友关系之后，他的焦虑症不治而愈了，心理状态乐观稳定，也停止了药物治疗。A先生的儿子在原谅了父母之前的不良行为和错误教养方式之后，也跨过了心里的那道坎，明白了父母拿姐姐跟自己对比不是因为他们偏爱姐姐，而是想要激励自己更好地成长，于是重拾了学习的信心。由于 A 先生的儿子本身基础不差，思维能力强，所以很快就恢复了之前的学习水平，成绩稳步上升。

A 先生在反观和总结这段时期自己和家庭的成长时，发出了这样的感叹："家长成长一小步，孩子成长一大步，家长改变一小步，人生幸福一大步。"对孩子我们必须要做到四不——不施压，不逃避，不敷衍，不啰唆，家长必须提升自我，陪伴孩子健康成长。在教育孩子的过程中出过错不可怕，只要有坚定的决心，用行动来弥补过失，那么这个家庭一定能经受风雨，以后的阳光会更加明媚灿烂。

从 A 先生的故事中，很多读者都能找到与自己的亲身经历相似的地方，也能受益许多。从古至今，在父母和孩子的互动中，孩子始终都是弱势方，他的衣、食、住、行都要依靠父母，如果将家庭关系代换成职场关系，那么孩子就是家长的下属，时刻都要观察上司的脸色，自己的处境完全仰仗上司的心情。每个人都是在这样的处境中成长起来的，但是每个人遇到的父母都不一样，如果遇到了凶神恶煞的父母，那孩子自然就会想办法跟他们斗智斗勇，和他们对抗，不断逃避亲密关系，最后成长为一个病态的、人格不健全的成年人。如果他遇到一对宽厚的、包容的、能够陪伴他、爱他的父母，那么他的成长轨迹就会更加顺利，一生也会拥有更多幸福。

我们都无法选择自己的父母，但我们能够选择成为一个怎样的父亲或母亲。人的一生中有三次成长的机会，第一次就是自己还是小孩的时候，收获父母的爱的多少影响到我们心理的发育和成长，这个过程不知不觉就塑造了我们的人格。如果这时候遇到本身人格有缺陷的父母，那么在他们的不良教养方式的影响下，孩子也无法发育出完整正常的人格，这样养成的性格很有可能造成一生之久的深远影响。

对于年幼的孩子，这一次的成长机会不是由他们自己决定的，而是由父母主导，但是我们还有第二次机会，那就是在自己长大成人，成家立业有了孩子之后，为人父为人母该怎样养育自己的孩子，这个过程就是人生第二次成长的机会。父母在给予孩子爱的过程中，在每一天陪伴孩子的日常中，都是一个重建内心、重新梳理、重新成长、实现自我成长的过程。著名社会心理学家、社会学家费先生说："在父母的眼中，孩子常是自我的一部分，子女是父母理想自我再来一次的机会。"而所谓理想自我就是父母在第一次成长的过程中没能实现的理想，是自己最渴望成为的样子。但是为了促进理想自我的发育和成熟，父母不应当只是要求孩子、控制孩子、督促孩子，而是在尊重孩子独立人格的前提下，在给予爱和陪伴的过程中潜移默化地传递自己的理想和愿景。第二次成长是和孩子一起成长，父母也在这个过程中成了更好的自己。

人生中成长的第三次机会是等到父母年迈的时候，我们在他们的床前服侍他们，这个时候看着日暮黄昏、垂垂老矣的父母，我们又退化成一个幼儿，重温童年时做一个小孩的感觉，陪伴父母走完这最后一程。但是人生的这三次成长，并不是每一次的成长难度都旗鼓相当，而是越往后越艰难，所以为人父母在养育孩子时，给他一个幸福祥和的童年，就相当于给他塑造出一个可以良好面对和适应社会生活的人格，为他拥有一个幸福人生打下坚实的基础。

二、学习结果分享（二）

本案例中的主人公代称为 B，下文将用 B 女士指代。

B 女士的女儿在一年前经历了高考，已经如愿以偿地进入心仪院校，而 B 女士认为，在这成功的背后，她的体会是好的关系胜过好的教育。良好的亲子关系是家庭教育的基石，而如何创造一段良好的亲子关系是需要家长学习的，因为我们都是没有经过任何培训就上岗的父母，对上天赐给我们的礼物一无所知，毫无意识地延续着原生家庭的教养模式。很幸运的是，B 女士在孩子幼儿时期就开始自学心理学，对教育这方面有着自己独特的见解。她认为，她和女儿的亲子关系可以概括为几个词：接纳、尊重、信任、倾听、共情、共进。父母只有持续不断地学习，才能跟上孩子成长的脚步。

B 女士的女儿很喜欢画画，于是她有时就和女儿一起听课，一起画画。B 女士家的电视基本不开，客厅里一张大大的长方桌，她和丈夫、女儿三个人每天晚上就在客厅看书、学习、听课，各自专注做自己的事。她的女儿写作业有一个习惯，就是同时开着手机和电脑，电脑里播放她喜欢的电视剧或音乐，手机则时不时的用来看看 QQ 空间、头条等。B 女士曾经担心过这种习惯会影响女儿的学习效率，但孩子坦诚地说不会影响，B 女士就压抑下自己内心的担忧，给予了女儿完全的自由。

和其他家长不同，B 女士从不限制女儿对电子产品的使用，早在读小学时，B 女士就给女儿购置了手机，方便她和家长联络。从孩子上学的第一天开始，家长就告诉她："学习是自己的事，要学会为自己负责，爸爸妈妈相信你会管理好自己的。"当孩子感受到父母是尊重她、信任她的时候，孩子的自我认同感就会增强，她的内在动力就会被调动起来，也正因为如此，学习的目标在她的心里是清晰的。在明白自己想要达到的目标具体是什么的时候，人的自觉和自律性就会大大提升。B 女士和她的丈夫从来不会追着孩子问作业写完没有，考试考得怎么样，每次考完试都是女儿主动向父母汇报这次考试的情况，如果考试结果不佳，还会分析失败的原因，每当这时，B 女士就会给孩子一个大大的拥抱。一个拥抱胜过千言万语，因为孩子感受到了父母对自己无条件的接纳，这就是爱。

在当年的3月3日，B女士的女儿参加了学校的成人礼，校方要求家长送孩子一份礼物和一封信，B女士送给孩子的信中的所有内容都浓缩成了一个字——爱。因为学习心理学，B女士懂得了爱是一切的答案，一个人既要有爱的能力，也要有被爱的能力，缺一不可。

成人礼之后，B女士的女儿专心地投入到高考的复习中，她学习效率很高，基本上在学校就能完成所有作业，在家只需简单地翻看习题。其实处在高三这个人生重要关口的孩子，或多或少心里都会有焦虑感，在这个时候，父母能做的就是给予更多积极的心理暗示，比如跟她说“每次重要考试你都考得特别好，说明你有实力”等类似的话。

B女士的女儿从初中开始就没上过任何课外班，只是充分利用在学校的时间，成绩也不属于特别优秀的层级，最好的成绩大概在年级前50名左右，但高考成绩却是班级第一，年级第21，考上了自己心仪已久的大学。孩子的高考也是对父母十几年来不停学习的一个检验，B女士认为是孩子让她有了学习的动力，因为她曾经是个非常自卑的人，不愿让孩子也重蹈她自卑的覆辙，所以就想通过学习，把孩子培养成一个自信乐观的人。正是因为孩子，才让父母有机会通过学习，又重新“活”一次，到最后才发现，陪伴孩子学习的过程实际上是自己充电的过程，而当父母自己成长了，孩子就受益了。每个孩子的成长速度、强度都不一样，作为家长只需做好自己的部分，因为只要父母做好了自己，给孩子带来了积极正面的支持，不断学习，不断进步，孩子自然也会跟上父母的步伐，不断向学习的高峰攀登。

三、学习结果分享（三）

本案例中的主人公代称为 C，下文将用 C 女士指代。

C 女士是一名高三学生的家长，也是一名心理学的爱好者。她非常重视孩子的心理健康，认为学习是其次的，最重要的是孩子的心理健康，只有心理健康了，孩子才能健康成长，其他方面也才会慢慢地朝好的方向发展。同时，她也非常了解父母在孩子备考过程中的重要作用，C 女士说：“只有家长能保持稳定的心态和情绪，杜绝焦虑的蔓延，孩子才能不被焦虑心理侵袭。”

在参与了一个心理沙龙后，C 女士和其他同样正处在高三备考时期的家长们畅聊了许久，针对这个时期的孩子心理特点提出了很多应对策略，还提出了诸如孩子压力大，如何缓解考试成绩波动，应该如何解决孩子过度焦虑等问题。C 女士认为这次活动对她自己来说是受益颇深的，于是她也希望能用自己的真实事例为其他家庭提供一个参考的模板。C 女士也经历过所谓的“家庭危机”，她的家庭也曾经硝烟四起，但是因为她幸运地接触到心理学，最终及时调整了自己，因此让她的家庭也重归平静。

这次事故的起源是青春期常见的早恋问题，这个时间段的孩子自我意识空前的强大，将探索世界的触角更多地伸向了外界，很容易对异性产生暧昧青涩的好感，C 女士的女儿就是陷入了一段这样的“恋情”中，甚至影响了她的学习情况和成绩排名。于是在再三斟酌下，C 女士给她写了一封信，全文摘录如下。

17 岁正是花一样的年纪，孩子，你一直是妈妈的骄傲，无论是在学习上还是在生活上，你都让妈妈很省心。每逢生日或节日，妈妈都能收到你的各种形式的祝福，这让妈妈十分欣慰。因为你，妈妈也成了别人羡慕的对象，同事和朋友总在妈妈耳边夸你，妈妈听了心里美得无法形容。17 岁，妈妈仿佛听到了你成长的脚步声，也隐隐感到了一种危机感，那是即将成年的你，注定会跟妈妈渐行渐远的信号。有人说，所谓父母孩子一场，不过意味着，你和他的缘分，就是今生今世不断地目送他的背影，渐行渐远。你站在小路这一端，看着他逐渐消失在小路转弯的地方，而且他用背影告诉你，不必追。妈妈深以为然，虽然妈妈舍不得你，但是妈妈不想影响你前进的脚步。比起让你留在身边，妈妈更愿意你靠自己的努力实现自己的梦想，过上自己想要的生活，去更广阔的天地施展你的才华。妈妈现在能做的就是给你最好的爱，趁你还在我身边，照顾好你的生活和情绪，让你快快乐乐地走过 17 岁，走过高中阶段。妈妈还要把自己认为最有用的东西交给你，以便将来妈妈不能陪在你身边的时候，你也可以用它们来保护自己，抵御伤害。宝贝，人不可能一辈子幸运，总是会有这样或那样的挫折要经历，妈妈希望你能够乐观向上，任何时候都能够坚强面对困难，而不是被困难打倒。

你要知道，任何事情都有其两面性，塞翁失马焉知祸福。人生就是这样，一边失去一边得到，你要学会在黑暗中看到那些光亮。17 岁你有了相爱的男孩，妈妈真的特别开心，但同时又更加担心。妈妈特别怕你受到伤害，无论是身体上的还是精神上的，所以就有了前段时间咱们家庭中的一场战争。这期间妈妈因为冲动做错了一些事，恳请你原谅妈妈的护女心切。记得很早我就让你看了《初恋这件小事》这部电影，目的就是让你有一个正确的爱情观。孩子，爱情不是依附，是互补和启发，双方都是独立的人，在这种前提下的爱情才能让人变得更好。孩子，请你理解妈妈现在的做法，为了你们的将来必须要暂时放下现在，高考结束后，所有人都会祝福你们，但绝不是现在。妈妈想送一首诗给你，也可能你早已经看过，但是我还是想再写给你：

我如果爱你——绝不像攀援的凌霄花，借你的高枝炫耀自己；我如果爱你——绝不学痴情的鸟儿，与绿荫重复单调的歌曲；也不止像泉源，常年送来清凉的慰藉；也不止像险峰，增加你的高度，衬托你的威仪。甚至日光，甚至春雨。不，这些都还不够！我必须是你近旁的一株木棉，作为树的形象和你站在一起。根，紧握在地下；叶，相融在云里。每一阵风吹过，我们都互相致意，但没有人，听懂我们的言语。你有你的铜枝铁干，像刀，像剑，也像戟；我有我红硕的花朵，像沉重的叹息，又像英勇的火炬。我们分担寒潮、风雷、霹雳；我们共享雾霭、流岚、虹霓。仿佛永远分离，却又终身相依，这才是伟大的爱情，坚贞就在这里：爱——不仅爱你伟岸的身躯，也爱你坚持的位置，足下的土地。

这首诗让我感觉到了真正的爱情。妈妈觉得这首诗写得非常好，它描绘了爱情真正应该有的样子，那种势均力敌的爱情，才是能够真正长久的。你喜欢的男孩很优秀，但优秀是他的。你可以为他的优秀而骄傲，但不能因此停下自己的脚步去依赖他。就像你会为他骄傲一样，他也会因为你的骄傲而骄傲，你也应该努力让自己变得更好，成为他的骄傲。你说过，一个人终究可以信赖的不过是他自己，能够为他扬眉吐气的也是他自己。妈妈希望将来你能够收获美好的爱情，但请你一定做到，任何时候都不要停止成长和进步，让他看到一个不断突破自己，越来越好的你，直到有一天你可以和他并肩站立，而不是你一直仰望他。妈妈希望你们是两颗闪亮的星星，各自闪耀又相互辉映，那才是真正的爱情。

宝贝，请你想想，这两年你和他都收敛自己的爱，克制自己是为了什么？妈妈和姥姥，辛苦来回奔波又是为了什么？你当时毅然从理转文，又是为了什么？老师对你严格要求，不停教导又是为了什么？相信你非常清楚。爱人对你的鼓励和期待，亲人对你的爱与期望，老师对你的严厉与厚爱，更重要的是你自己对梦想的渴望。如果这些都不能成为你奋力拼搏的理由，还有什么是值得你奋斗的呢？妈妈特别希望看到有一天，你能靠自己的努力实现梦想，希望有一天你能成为爱人的骄傲，希望有一天你能让老师们对你刮目相看，后悔自己当时对你的断言。

高中时期是多么珍贵，你的理想以及你今后人生的大方向，将在这期间做出决定。放下对失败的恐惧和一切负担，放手一搏吧，你难道就不想看看自己发奋学习后是什么样的辉煌吗？要知道人生最后悔的事就是“我本可以，但我却没有”。妈妈相信勇敢如你，一定可以做到，那样才不辜负这两年你和他所牺牲的宝贵时间和精力。

孩子，为了你们的未来，为了你们的梦想，也为了你自己夸下的海口，加油吧，宝贝。妈妈期待你的改变，期待你的梦想成真。只要你努力过，结果并不重要，要知道敢想才有可能实现，即使努力后结果不如人意，那也值得。至少你没有遗憾，没有辜负这大好的年华。此刻图书馆已经关门，天色渐晚，我在车里微亮的灯光下给你写完了这封信。

最后祝宝贝生日快乐！

永远爱你的妈妈

通过这封真诚的信件，C女士和女儿得到了心灵上的和解，原本因为“早恋”事件蔓延开的焦虑也得到了控制，在C女士积极的自我调整和勇敢的沟通下，亲子关系成功避免了撞上冰山，家庭这艘大船平稳地行驶了下去。和孩子相处的过程中遇到挫折或者意外时，C 女士的处理方式和态度是非常值得其他家长借鉴的，她以温暖和爱化解了一场可能的家庭风暴，是值得家长们学习的楷模。

早恋问题是让高中生家长感到棘手的一个普遍问题，高中生对恋爱的渴望不能说来得太早，但也不属于一个合适的时间阶段，因为这时孩子的学习也到了最紧要的关口，正面临着人生中最重要的一场考试——高考，而恋爱关系会使他们分心，有可能导致成绩的直线下滑，在考场上也有可能因为这种感情的波动而影响到发挥。面对这种情形，C 女士的处理是很恰当的，她采用了一种诗意的方法，用诗情画意的优美语句深入浅出地为孩子分析了这其中的利害关系，用诗歌来引导，而不是纯粹的说教。这种方式的效果也非常显著，女儿在看完母亲真诚的信件后被深深打动，因为她看到了母亲对于她本人、对于她的感情的一种接纳和包容，这给予了她安全感和信任，所以这场危机被成功化解。

C 女士的处理方法是一个非常好的范例，家长们在遇到类似事件时可以借鉴，但并不代表需要全盘照搬。

以上三个实例中，家长和孩子相处的不同方式都有其合理之处，也都是独特的，每个孩子在自己的家庭中受到的影响都不一样，不同家长有着自己不同的教养风格，有的家长比较有诗意，倾向于用委婉的手段去处理一些问题；有的家长则是以一种温暖、关爱的态度去和孩子相处，借助朋友关系去跟孩子交流和沟通；还有的家长是以自己的学习和成长为榜样，带领着孩子跟上自己的脚步。所有的教育最终都是异曲同工，大同小异的，但各自不同的教养风格也为孩子们创造了不同的环境，让孩子在父母独特的关爱和保护下一天天茁壮成长，最终自信地踏入高考的考场。

在教育孩子的过程中，有一个很重要却又时常被家长忽略的事实，那就是这个年龄阶段的孩子仍然是未成年人，从法律上来说，他并非一个完全行为能力人，法律不能按照完全行为能力人的标准去制裁他们，所以父母实际上有责任也有义务去引领他们的孩子。这种责任和义务在实际操作的过程中是有艺术的，很多父母践行这种义务时往往会走向两个极端，一种是完完全全地将孩子控制在自己手里，另一种则是完完全全地放任，对孩子的所有事物一律不关心，这样两种教养方式都是不负责任的表现。

上文中 C 女士的处理方式则是一种榜样，她在教育女儿的过程中，采取了“迎难而上”的态度。当自己的孩子陷入早恋漩涡时，家长的心里会产生很多疑虑和担忧：其一就是对于安全的忧虑，事实上，孩子在二三十岁谈恋爱都会让父母担忧，更不用说是十几岁时的感情，由于对恋爱对象的不熟悉，加之这个年纪的孩子心智并没有完全发育成熟，所以父母自然就会担心他们交往时的安全问题；其二就是孩子的学习，恋爱是需要花费心力的，而这时候孩子又恰好处于学习的关键阶段，如果学习的精力被分走，那么成绩自然会直线下降，影响到高考复习的效率和状态，导致不可估量的严重后果。

所以在这个过程中，C 女士完美地解决了一次潜在的家庭风暴，她用自己的智慧引领着孩子走向了正常的轨道。这种对爱情的理解和见解，是一种正向的引导，首先要求家长本人的价值观正确，如果家长自己的爱情观是歪曲的，对待陷入早恋危机的孩子非打即骂，那样只会把事件推向负面的极端。在一封信的背后，蕴藏的是一位母亲对人生、对爱情的正确认知，她拥有了这种高度，这种认知，而后才能引领她的孩子也登上同样的高度。所以当她用心地撰写一封致女儿的信时，体现的不仅是书面上的谆谆教诲，一封简单的信中，还蕴含了她作为一位女性对爱情和人生的理解。这样强大的爱，是能让孩子切身感觉到温暖的。所以其他家长在把 C 女士当作楷模去学习的同时，不单单是要学习她的方法，更重要的是学习她的态度、她的精神以及她思想的高度，学习她始终秉承的“和孩子一起成长，一起学习”的态度本身。